2015年4月25日，首届微商达人秀深圳站，现场一千多人，拥有同一个中国梦，微商梦！

2015年10月31日，江西南昌微商大会开启新微商时代，南昌服务中心的负责人方伟先生在台上激情演讲。

2015年11月21日，在江苏同里隆重举行了携手微阵，创新微商——暨微阵科技全国服务中心签约仪式。

2015年12月29-30日，第二届中国微商年度盛典暨首届"微创客"高峰论坛在上海虹桥元一希尔顿酒店隆重举办，郭俊峰演讲"创新微商"，被众多微商行业人士视为"新旧微商"的分水岭。

2016年3月6日，淮海经济区首届创·新微商大会，宣扬"卖好货，好好卖货"为核心的新微商理念。

2016年3月12日，微商中国行第29场新疆站，微阵科技新疆服务中心正式成立。

2016 年 3 月 20 日，微商中国行第 30 场深圳站，郭俊峰新书《微商创业进行时》的现场签售会。

2016 年 4 月 9 日，微商中国行第 32 场武汉站，微阵科技武汉服务中心正式成立。

2016 年 7 月 1 日，为纪念创业三周年，微阵科技一周年，公司进行了三天两夜的团建活动。

行者

微商创业者的修炼笔记

郭俊峰◎著

机械工业出版社
CHINA MACHINE PRESS

图书在版编目（CIP）数据

行者：微商创业者的修炼笔记／郭俊峰著.
—北京：机械工业出版社，2016.7
ISBN 978－7－111－54547－7

Ⅰ.①行…　Ⅱ.①郭…　Ⅲ.①网络营销
Ⅳ.①F713.36

中国版本图书馆CIP数据核字（2016）第184261号

机械工业出版社（北京市百万庄大街22号　邮政编码100037）
策划编辑：胡嘉兴　郝　静　责任编辑：胡嘉兴　郝　静
责任校对：舒　莹　　　　　责任印制：常天培
北京圣夫亚美印刷有限公司印刷

2016年8月第1版·第1次印刷
170mm×230mm·12.5印张·2插页·126千字
标准书号：ISBN 978－7－111－54547－7
定价：49.90元

凡购本书，如有缺页、倒页、脱页，由本社发行部调换

电话服务
服务咨询热线：（010）88361066
读者购书热线：（010）68326294
（010）88379203

网络服务
机 工 官 网：www.cmpbook.com
机 工 官 博：weibo.com/cmp1952
教育服务网：www.cmpedu.com
金 书 网：www.golden-book.com

序一

得“草根”者得天下

李书文

和郭俊峰认识的时间不长，缘起半年前他组织的一场千人规模的大型微商峰会，他给我的第一印象是一个颜值高且极具号召力的小伙子，千人大会被他组织得有声有色，那些怀揣梦想的微商也被他调动得热情高涨。

对于微商这个新兴行业我不太了解，只知道这是一个基于熟人圈的信任，从而产生购买行为的社会化营销方式。微商的成长速度特别快，并在一定程度上对传统营销模式造成了冲击。郭俊峰告诉我，他要将“微商”作为他的终生事业，他说这话时的眼神诚实而坚定，不由得让我想到了十年前，我也曾经用同样的眼神打动了马云、史玉柱、柳传志、牛根生这些当时在中国声名显赫的商界大佬们。

十年前，我夺得了《赢在中国》的全国总冠军。当时的创业环境与今天有着天壤之别。在那个年代，创业还是属于极少数高大上人士从事的“高门槛”工种。而当下，在李克强总理“大众创业、万众创新”的号召下，一批又一批创业者奔赴创业前线，创业人群也变得越来越多元化。郭俊峰所从事的事业就是服务千千万万怀揣梦想，以“草根”自居的中国创业者们。我一直认为，现在的创业生态为“草根”创业者提供了丰富的养分和机遇，这也是我看好郭俊峰微商事业的理由——得“草根”者得天下！

接触了一段时间，发现郭俊峰有写文章的习惯，无论工作多忙，他都坚持每天更新一篇两千字左右的长文。对于他所服务的微商人群而言，他的文章很实用，每天通过微信公众平台给他留言的非常多，而他则几乎对每一条留言都给予非常诚恳的回复，这一点让我由衷的敬佩。我也是个有情怀的人，闲来无事也喜欢写写文章，但若要我坚持每天都写，并且对每条留言都要回复，却着实有些吃不消。于是，在我脑海里，坚持写长文的郭俊峰就成为一个不仅颜值高，而且还能创造IP的有为青年。我认为一个人若能真的认准一个目标，无论遇到怎样的情况都能持之以恒，那他无论做什么都将会获得成功。

我现在创办的企业厚朴金融，是一家专注于为中国中小微企业提供金融服务的创新金融公司，我们服务的客户也是中国成千上万的“草根”级企业，这一点和郭俊峰的“微商”平台有异曲同工之处，所以当他邀请我为其新作《行者》作序时，我非常爽快地答应了。

郭俊峰的新作《行者》是一本关于郭俊峰多年创业的修炼笔记，他把这些年的创业经验以及对微商发展过程中的思考和观察分享出来，希望可以藉此帮助更多从事微商的创业者。作为创业前辈，我也祝愿郭俊峰梦想成真！

序二

郭俊峰和他的微商理念

龚文祥

前段时间郭俊峰跟我说，希望我为他这本新书写一个序，我很快就应承了下来。在正处于爆发式增长又鱼龙混杂的微商行业，郭俊峰以及他的微商团是其中正能量的代表，对于微商界的正能量，我肯定是要支持的。

在微商圈，谈到郭俊峰创立的微商团大家都比较熟悉。刚认识郭俊峰的时候，我比较欣赏的是他“好好卖货”的理念，理念虽然朴素，但直击微商行业的痛点。作为中国电商以及微电商的观察自媒体，我一直都对微商行业保持持续的关注，有关注我微博的朋友都知道，我微博上许多内容都是对于微商行业的观察和思考。

微商行业从 2015 年 5 月由盛转衰，其中最大的原因是行业的主要关注点都在如何圈代理，而极少考虑如何将产品销售给终端消费者。而郭俊峰创立的微商团提出的“好好卖货”的理念则是微商行业内的一股正能量。不管是电商还是微商，其本质依然是零售，而零售的最终目的就是将产品卖给消费者。“好好卖货”的理念其实就是回归零售本身。

我经常在受邀参加的传统企业转型微商论坛中碰到郭俊峰，在微商领域内跟他有过比较多的交流与探讨，十分认可他在微商行业内所提倡的理念以及做法。对他印象极深的是他每天都会亲自写一篇原创的微商文章，并且已经坚持1年多，写了400多篇原创文章，在微商行业能够做到的人也就只有他一个。现在他的微商团应该是中国最大的微商培训机构，拥有6000名会员，由近百人的团队来运营。据他透露，社群里面500多个品牌，总的月流水超过3亿元，在微商行业普遍进入低潮阶段能够取得如此成绩是十分难得的。

郭俊峰认为如果第三方微商平台只是一个工具与技术系统，并不能帮到微商人。围绕着“好好卖货”的理念，2016年他推出了微阵，目的是帮助微商人更好地卖货。在他的平台上有30个线下代理商，一年100场微商线下论坛，让线下成为微商入口，这是微商行业的一个新模式，也期待他这个平台能够帮助微商走上更理性、更健康的商业轨道。

郭俊峰之前写过一本书《微商创业进行时》，在微商业界内的口碑不错，这本《行者》是他最近一年来在微商行业创业经验的进一步总结升华，其中许多内容十分值得微商以及传统企业借鉴学习，值得推荐。

序三

“外行人”眼中的微商

温　明

郭俊峰老师让我帮他写个序，我非常意外，虽然他让我帮忙做了一些本书的文字整理工作，但就微商而言，我依然是个外行人。作为外行人，我对微商所知甚少，深刻的道理也说不出来，我就谈谈郭老师其人、其事，权作本书的序吧。

之前，我也有朋友做微商，天天在微信朋友圈发各种卖货的图片，刚开始为了表示情感支持，就经常为他点赞。虽然我从来不买，赞还是要点的，有时候我把点赞当作一种交流方式。后来，他天天刷屏，我就把他屏蔽了。我想，清净要紧，该屏蔽就屏蔽。

2015 年，由于某种机缘，我知道了郭老师，通过郭老师的公众号对他有了深入了解。郭老师每天坚持写作，公众号每天都有他的原创文章，几年下来积累了 400 多篇。从 2015 年开始，他计划将文字整理成书。2016年年初，郭老师找到我，说想找我帮助整理文字，我当时非常高兴，这可是深入了解郭老师的大好机会！

实际上，我刚开始读他的文章，感觉不过尔尔，可慢慢地读多了，就越来越认同郭老师，认同微商了。弱弱地补充一句。我已经把原来屏蔽的微商朋友的朋友圈恢复了，继续点赞，现在点赞的动机也和先前不同了，还买了他们的产品，感觉不错，又继续推荐了几个朋友来买。

我感觉郭老师和他的文章，有点像陈年老酒，对于没有喝过酒的人来说，刚开始喝这种酒，感觉不好，甚至还会有人说，这是什么东西呀，但是慢慢品就会发现，还是这种酒好。对于不会喝酒的人，再好的酒也是浪费。

"郭司令，我爱你！"这是微商团的很多小伙伴，尤其是女会员，对郭老师爱的诠释。做事先做人，对于微商更是如此。郭老师是一个服务微商的人，深入接触他的人，都很喜欢他。郭老师作为中国微商行业的领路人，是非常成功的，所以他的微商团也非常成功。

为什么郭老师有这么大的魅力？因为他是美男子吗？不是。那到底是为什么？你看看这本书就知道了！

另外，从做事的角度来说，为什么微商团如此坚挺？我想是因为郭老师非常聚焦。太阳拥有如此大的能量，由于分散，只是让我们感觉温暖；激光能量不大，但由于聚焦，可以切铁锯钢。

郭老师提出“卖好货、好好卖货”的微商理念，微商团服务好微商人，他成功了。从微商团出来的很多小伙伴，专注卖好货，也都取得了成功。好好卖货，专心卖货，提高卖货能力，这就是聚焦，也是草根微商成功的宝典。郭老师现在也在自我聚焦，他说他未来要专心写东西，少见客户，少管微商团，把这些事交给其他人。郭老师和他的小伙伴，未来将更加成功，我坚信这一点。

关于这本书，我想说的是，那么多微商之所以能够成功，部分原因是坚持看郭老师的文章，并从中汲取对自己有用的知识。如果你想了解未来微商将是什么样、如何做成功的微商，看看这本书吧。

前言

我是一个微商从业者，从看到微商的现象和机会，到后来创办目前国内人数最多的微商圈子“微商团”，再到后来创办手机卖货平台“微阵”。期间，亲眼见证了微商从无到有、从鼎盛到跌入谷底，再到触底反弹的过程。

我可以称得上是中国微商发展的见证者，因为创办微商团的缘故，有机会和一个个鲜活的微商创业者进行深度接触。看着他们成长，也看到整个行业的发展起伏。同时，我每天都坚持写一篇关于微商的日记，也算是中国微商发展的见证者和记录者。

对于企业而言，可以在短时间内聚集成千上万的“销售员”，这在过去是无法想象的事情。而在今天的微商时代，很多企业都做到了，而且这些兼职的卖货人竟然还是那样的努力和勤奋。微商卖货人，可以通过手机、互联网直接与品牌商进行合作，这在过去，也是难以做到的事情。微商给了草根创业者一次这样的机会，不只是创业资金的低门槛，微商对于创业技能的要求也是很低的。所以，我们大家都要感谢微商所赋予的这个机会！

我写的上一本书《微商创业进行时》，更多的是从具体技巧的层面来讲微商，今天这一本更多的是对于微商发展过程中各种现象的观察和思考，内容大多是从过去的文章中摘录的。希望通过这本书，能够让即将开始做微商和正在做微商的创业者，对微商有一个更加客观的认识，至少可以换一个角度来看看微商，看一看真实的微商世界到底是怎样的状况。

如是，我将倍感荣幸！那样，也不枉我两年多来坚持写日记的各种付出和坚持。顺便说一下，你可以去微信公众平台搜索“郭俊峰”关注我，最新的日记每晚9点半会准时发出来。欢迎大家对文章进行打赏和传播。

这本书能够出版，首先要特别感谢机械工业出版社提供这样的机会。当然，还要感谢温明。因为我的时间原因，没有办法静下心来整理书稿，特别委托温明代为整理。在此，要谢谢大家！

最后，欢迎想做好微商的企业和个人加入微阵，我们一起来做健康的新微商！

目录

第六章

成熟期：通过品牌构建独特的核心竞争能力 / 104

第七章

扩张期：微商竞争，拼的也是团队 / 126

第八章

微商也需要抱团 / 149

附　录 / 168

第一章　微商创业成功的路在哪里

1. 我是怎么做起微商的

为什么做微商

我原来做的是新媒体营销培训和企业新媒体营销整合服务，2013 年微商到来的时候，我觉得这是上不了“厅堂”的模式，所以，也就没怎么在意。到 2014 年的时候，感觉到微商行业有一种势如破竹的能量，但当时公司的核心业务不在微商这边，而是侧重于新媒体营销整合部分，也兼着做微商圈子，后来，同事和周围的朋友鼓动我做个面膜产品。

自己去做产品，或者卖面膜这个事情很快就被我否决了，而且，放弃得特别坚决。因为我们想做个“大一点”的事情，而不只是产品。当时也很巧，给大客户做咨询的这块业务出了点问题，我的团队被动地开始关注微商，并已经有了类似微商团这样的圈子，当时称为“郭俊峰粉丝团”。

幸好，大客户的业务没有谈成，要不就要兼顾两边，哪个业务都做不好，也就没有今天微商团的影响力了。微商团的成功，我总结为，抵得住诱惑、耐得住寂寞，微商卖货和带团队都是一种创业，都需要专注和坚守。

之前很多人质疑微商，到了2015年下半年，这些人好像越来越少了，因为微商的产品和模式回归理性，大家开始把微商当成一种企业营销的“利器”、创业的“利器”，而不再是圈钱的工具。心态变了，结果自然不一样了。

很多人看到现在微商团的成绩，都会觉得我的运气真好，说我每次都“踩到”了点上。在一开始做微商团的时候，我自己都不知道未来会成为什么？只相信一点，只要会员能够从我这里得到益处，我就有机会成功。

在大家疯狂“卖代理”的时候，我并没有参与，因为我知道，我的目标是让会员得到更多的“好处”，而不是去赚会员的钱！而我觉得会员需要的好处应该是学会卖货和学会带团队。

所以，这几年，我一直在教大家学会这两点。刚开始有人说我傻，今天再看，这也是我们事业布局的一部分。我们的客户，还有我们自己公司的小伙伴们也都非常感激微商。他们都很年轻，90 后的珊珊说，幸亏来上海，要不然，我估计自己该步入结婚生孩子的轨道了。如果不是微商，不是互联网的变革，不是微商团，我们这一群平凡的人会身在何处？我们都要感谢这个时代！

这样的微商才能生存

实际上，很多微商都不傻，但却干着傻事。很多微商都知道卖货的重要性，一边喊着好好卖货的口号，一边却千方百计地去囤货、卖代理权……

面对利益的时候，很多人都是疯狂的。后来，所有关于旧微商的弊端全都暴露出来了，比如囤货让很多人负债累累，家里摆满堆积如山的产品。再后来，产品质量出问题、虚假宣传、忽悠满天飞、团队崩盘……

所以，到了今天，以卖货为核心的新微商时代自然到来了。即便我不去呼吁，这股风潮也会如约而至。因为移动互联网具有自我净化的能力，只有这样的微商才能存活。

我从做微商起，就坚持“卖好货，好好卖货”的理念，很多人也是认可我的理念才来到微商团，这或许是因为新的微商人都不想做傻事了吧。

关于梦想，我也是有的：希望所有的微商人都好好卖货，坚持卖好货。

但不管如何，今天所有的微商都应该感激第一拨微商人，是他们或真或假的各种“晒”、各种“吹牛”，让更多的人蜂拥而至。只是后来进入的微商，大多是从卖货开始，可就是这一点的区别，造就了结果上的巨大差异。

大家正沿着健康的方向前行，很好！

帮助，是一种使命

我真心期待那些有好产品的传统企业能够大胆进入微商领域，一方面，能够让自己的企业借力到微商这个新兴的商业渠道；另一方面，可以让微商卖货人有好货可以卖。

我愿意帮助好产品卖得更好一些！让好产品卖得更好、让卖好产品的人赚到更多收获，这才是真正的正能量！也只有做到如此，我的工作才会变得更具价值和意义。

最后，对于那些想转型的传统企业来说，我本人和微商团都愿意提供相应的支持和协助。你们的出现，不只是自身销量和品牌的收获，也是在推动微商的健康前行。

梦想也需要清醒

一个企业快速发展的时候，会掩盖很多现实的问题。但这些

被掩盖的问题并不会因为被掩盖而消失掉，问题早晚还是要“发作”的，只是时间的问题。

有些“成功者”不喜欢面对问题，他们也不相信会有问题存在。在他们看来，所有的问题都不是问题，只要有钱在就一切好说，这是突然暴富之后最正常的一种反应。

我本人也是从那个阶段走过来的，所以，感受会更深刻一些。但现状往往事与愿违，一个企业或者说一个团队发展空间是有限的，增速很快就会到达天花板，增速一旦放缓，大家的焦点不再关注发展的时候，问题也就出来了。

如果大家一开始对待梦想是盲目的、是疯狂的，那么，他们对待即将爆发的问题也是一样的态度，也会不理性地对待现实的问题。一个导火索被点燃，所有问题就会顷刻间爆发出来。甚至是一些本来不是问题的问题，也会被卷进来，问题的连锁反应才是最可怕的。

这是我看到太多的微商在“成功”后，他们在疯狂地表达自己的“成功”。在失败的时候，他们竟然是那么的不堪一击。很多人，至今都不会觉得自己错了。

创业者需要做好的不是发展的速度，而是要明白自己能够带给客户什么样的价值？这才是创业的核心！在这个浮躁的环境里，很少有人关注到这个核心。

2. 微商的机会已经来临

最坏的时代也是最好的时代

2015 年 5 月被称为微商的“黑色五月”，央视以及数十家媒体开始“征讨”微商，被“征讨”得最响的两大微商品牌，据说他们的业绩下滑 70% 以上。新旧微商，就从这个月开始分化开来。暂且不说这些微商品牌现状如何，从整个市场来看，绝大多数的微商品牌和团队的业绩都出现了不同程度的下滑。有很多的品牌是“拦腰斩”，解散和崩盘的也不在少数。

人人都想做微商，都想做品牌创始人。但都还不知道微商为何物，各类奇葩人物就开始粉墨登场了。市场和时间才是最公平的裁判，退潮之后，裸泳的人自然会出现。今天很多团队和品牌出现解散、崩盘的局面也是必然的。包括今天还在活跃的品牌，如果不及时做出调整，崩盘也是必然的结果。

为什么这样？我上次说过，这一切根源只在于七个字：卖好货，好好卖货。但归根结底，还是人的问题，问题就来自于做微商的这些人身上。一个人的结果往往是由思维决定的。

先从微商负责人那里说一说吧。很多人抓到了微商的机会，是因为整个微商的势头在推着人走，而不是由于人的能力抓到了机会。就像潮水来了，你正好跑到了海边，你会非常快地冲到高

点。这不是因为你很会游泳，而是因为潮水的力量。

很多人因为借势进入了微商江湖，赚到了一些钱。但这个人本身是没有发生任何改变的，潮水退掉之后，很快就会恢复原来的状态。既然人没有变化，又怎么能掌控到后来的那个大“场面”呢？这还是一个他们无法想象的巨大场面。

这可以说是最坏的时代，但同时也是最好的时代。为什么？一切根源就在于他们有没有把卖货的问题解决好。

只要微信、微博这样的社交平台“不死”，微商就会一直存在下去。即使这些平台“死”了，一定还会有更好玩的平台被大家使用，这是微商存在的大环境。对于“卖好货、好好卖货”的微商，现在就是最好的时代。否则，快速“死亡”就是他们的结局。

经过第一拨的野蛮生长，新微商人认识到好货和卖货的重要性。所以要感谢旧微商，没有他们的“疯狂”，就没有新微商的到来。当下对于旧微商而言是最坏的时代，对于新微商来说则是最好的时代。牛顿说，他是站在巨人的肩膀上。我说新微商是站在旧微商的“头顶”上！

看完下面，才知道微商市场有多大

2016 年春节，我回到老家的时候，村里建了一个微信群！这是我想不到的事情。把村里有微信的人全都拉进去，里面发的也是各种段子和红包，热闹非凡的样子。吃饭的时候，大家都会去拍照、录小视频，然后发个朋友圈，还会与没有回家过年的亲朋好友通过视频沟通情感……

关于外面的世界，“朋友圈”会告诉他们一切。他们感觉到世界离他们竟然那么近！这是一种从来都没有过的感觉，怪怪的，似曾相识又模糊不清。

这个小事不知道你有什么体会？在我看来，这个世界变了！人们了解世界、认知世界的方式变了，从原来的电视、广播、报纸，到今天的微博、微信，而随之改变的是人们的生活习惯。

他们这一辈子也许不可能去淘宝买一个东西，更不要说去淘宝卖东西。但他们很有可能把家里的土特产通过朋友圈分享出去，进而卖出去，这一定是有可能的事情！朋友圈的买和卖，根本不用人教，他们自己就能很好地做到。未来市场有多大，你放开胆子猜吧！

未来，谁才是最大的微商

前不久，我在长沙一个论坛上讲了一个小时的微商。刚开始，很多的传统企业主看起来还是比较“抗拒”微商的。因为大部分人对微商的理解停留在卖面膜、招代理、囤货那个阶段，并且认为微商离传统企业很远。

那天方伟正好也在现场，我跟方伟说，“今天会场上的企业主还不了解微商是什么，但正是如此才让我看到了希望。中国有

太多的企业需要微商这种模式来推广自己的产品，而微商创业者也需要好的产品”。后来，方伟和南昌当地的一些机构联合，做了几场传统企业转型微商的大会。帮助那些传统企业转型微商、试水微商。再后来，方伟成为微商团南昌服务中心的负责人。

企业对于这样的事情是相当的支持和欢迎。因为企业转型的成本低、风险小；再者，如果成功了，其社会价值和经济价值都是相当可观的。

微商团提供线上的辅导，方伟的团队进行线下的辅导，再把高手营的精英，以及已经成功转型的传统企业主邀请到南昌，大家面对面交流经验。这样的资源，微商团都是现成的，只需要政府提供平台和宣传，帮助大家进行落地对接即可。政府几乎不用付出成本，参与的人也是免费的。

我觉得这样的思路很好，多方受益，而且付出的成本极低，大家都愿意主动参与进来。最关键的是，这样的项目完全可以大规模复制到其他地区，市场潜力非常巨大。

3. 新微商的制胜标准

把利润给应该给的人

我觉得新微商的首要标准就是产品利润的重新分配。原来的微商利润大头都在“最上层”的代理手上，真正卖货的人却赚不到钱。这个体系本身就有问题，所以，过去的微商很少有人能够做长久。

利润应该给谁？给卖货的人和带团队的人。只有让这两种人赚到钱，这个事情才能发展下去，而不是因为你有30万囤货的钱，你就能赚到钱。

产品和客户才是核心

什么是价值？有人说让代理们赚到了钱就是价值，我不否认这是一种价值，但你的客户呢？对你的产品满意吗？你所晒出来的客户反馈占到你全部客户的比例有多大？

不管是微商还是其他的商业模式，好产品永远是成功的前提。目前的微商产品可谓是鱼龙混杂，所以，也就会出现各种的骂声，不少品牌因此倒下。

商业的本质是价值的交换，你有哪些价值可以和你的客户进行长久的交换呢？不能长久交换，又怎么会有长久的未来？

客户是企业的衣食父母！道理都懂，除了给客户带来一些好产品之外，你还能给客户带来什么样的价值和好处？也就是说，客户凭什么要跟你在一起？很多商人会把客户当成傻子一样来对待，这样的商业能够实现永续经营的目的吗？

什么是成功？成功是知行合一！

微商竞争到最后的核心就是卖货能力的竞争，既然如此，卖货的问题必须解决好，否则，微商从业者和品牌商都是难以成活下去的。

让外来的和尚好念经

对于现阶段的微商团来说，挖人是一个“大成本”。如果只是想赚点钱，我们今天的团队就足够了。但我们的梦想是要做一家不一样的公司，一家能够惠及更多人的公司。

微商团的所有人，不管是职位还是待遇，统统让道给新来的人才。如果想做大，就必须要有容下人才的胸怀、要有给高手做助理的心态。

如果能做到再大一些，还会有下一拨的人才加盟。我看过很多公司，新人和创业元老的碰撞是一件痛苦的事情。庆幸的是，我这里没有，很多时候是现有的人在推着我去外面找人才的。

4. 微商正规，才能做大

被质疑是微商成长的必经之路

我看到一些微商中“灰色”的部分，我也会去不停地质疑对方的，但我也看到很多阳光、向上的部分，凡事应该一分为二，分开看问题才能做到客观和理性。我主张是：打击无良微商，鼓励优秀的微商创业者。

再说微商培训，现在的微商培训确实很火爆，朋友圈每天都会有10场以上的微商大会在做广告，每个大会都要冠以“XX第一”的名头……到处都是大师，很多人都想站出来指点微商的江山。很多老师为了推销自己的课程，什么零风险、什么业绩翻倍、什么利润倍增、什么月入百万……最终实现的有几个？

培训老师在舞台上演讲像打了鸡血，台下的听众疯狂地迎合着。老师下台以后去了另一个场子讲课，学员下课回家又是“原封不动”。有人说，培训有三动：上课的时候万分激动，下课回家累得一动不动，第二天起来是原封不动。

目前的微商，一方面，很多人在质疑微商的种种不好，抵制微商。另一方面，又有大量的大企业进入微商。今天的微商确实存在各种问题，随着微商的发展，各种诟病会慢慢被清理掉。这也是任何新生事物从出生、发展到壮大的必由之路。

如果微商只是个人在做的话，未来或许不一定有太大的机会，但今天的微商已经不只是纯个人了。上市公司、传统大企业也进入了，这其实已经“坐实”了微商这个新的商业模式。

集团型微商来了，不正规肯定死

个人玩微商的时代快要结束，接下来是集团的主场。如果集

团进来，广告、产品、营销这些环节都会是专业人士来操作。多少个人可以比拼过这些专业人士，所以赶快“清醒”起来，赶快正规起来。只有正规了，才可能活下来。

个人微商最重要的实力是卖货的能力，这也正是集团型微商所看重的，尽管他们手握资金和产品，但不一定有懂行的人来操盘。毕竟熟悉这个市场还是需要一定时间的。因此，这个点就成为两者合作的“蜜月期”。

“蜜月期”会不会结束？答案是肯定的。等到个人微商所掌握的技能不足以支撑集团型微商的需求时，就是“蜜月期”结束的时刻。如果这一切到来了，会对很多个人微商打击不小，刚刚建立起来的希望又瞬间破灭了。但无论如何改变，我们都要认真做好当下、谋划未来，慢慢正规起来，不要等死，好好地服务客户和团队小伙伴，一起拥抱变化。不管怎么发展，总还是需要干活的人。

正规了，才能做大

在中国，作为中小创业者，这是一个非常纠结的问题。如果正规起来，税收和各种费用就会增加。有人会问，如果不能活下来，还谈什么正规与非正规？

要不要正规起来？一定要！除非你不想做大，否则，未来去改会更痛苦。体量越大，正规起来的成本就越高。举个例子，一个企业经营多年之后要上市，做的第一件事却是补税。但如果你一开始就有交税的准备，你会从别的方面来“算计”利润和成本。

为什么一定要上市呢？第一，上市就意味着公开透明，就要接受更多人和机构的监管，这会对企业的运营能力、团队、财务、盈利能力有更高的要求。健康、扎实，企业自然有机会成长起来。第二，资本的介入会倍增企业的发展速度。以微阵为例，如果慢慢发展，十年磨一剑，估计也会成功。如果资本进来，或许只要两年时间就可以“功成名就”。但对手会给微阵10年的时间吗？

在国外，创业者假如需要50万元的创业资金，他们会先把钱找到，然后把找到的钱放到公司账号里面，按计划去花。

假如中国创业者同样也需要50万元的创业资金，他们的做法却是手里面有5万元就开始创业了，然后运营一段时间后发现，没钱发工资了，于是开始借钱；之后又没钱交房租了，没钱买原料了……

国外创业者往往创业之初就已经把所需要的钱准备好了，如何花钱也会规划好。按部就班地实施，钱用完了再去找投资人，如果找不到钱，项目也就停掉了。而中国的创业者，有些人一开始就没有做好充分的准备，一切都是在“凑合”、在“赌博”。如果输了，将会非常落魄，甚至是倾家荡产。

这就是正规和不正规的区别！

5. 从微商看传统企业转型

传统企业不能再错过微商了

传统企业面对重重竞争压力，大家都在思考转型的事情。传统企业也看到微商的发展速度和影响力，或明或暗，大家已经在行动了。这是好事！

很多传统企业主没有抓住淘宝电商的机会，生怕再失去微商这个机会。尽管微商目前还不够成熟、不够完善，但大家还是愿意做一些尝试的。这是好事！

传统企业主2014年没太大行动，是因为大部分人都还没有看清楚，在考虑如何动手，而2015年不一样了，一方面，大家开始从内心深处认可微商这个行业。另一方面，市场上也出现了一些可以参考的案例。所以，出现了争先恐后试水微商的局面。

之前跟微商团的小伙伴开会说，微商团创业的拐点终于来了，我们耐住寂寞、默默前行了将近一年，所有类似的圈子都开始卖产品、卖代理、卖培训去了，只有微商团还在坚持做服务。

相比未来的竞争，2016年的微商根本就不能算是竞争。未来微商的竞争将是极其残酷的！在未来，个人微商能活下来的条件就是看有没有被“利用”的价值？卖货和带团队的能力将是未来微商领域中最为稀缺的资源。

这些稀缺的资源正是传统企业最需要的，很多传统企业看到了这一点，所以不希望错过这次机会。错过了只能等死，他们会等死吗？我想不会！

这么做才有出路

最近，看到了太多想转型的传统企业主。互联网对于线下的冲击，让很多传统企业真的要想办法“另谋出路”了。而互联网，特别是微商，一些名不见经传的“小朋友”，动辄就是几百万、几千万的月营业额。

无论从用工成本，还是从消费者的关注点来看，很多的传统线下生意将会越来越难做，这一切已经是不争的事实，但如何转型却成为大家的痛。传统企业转型无非就是两种选择：一个方式是找对的人或团队进行合作；另一个方式是自己做。但无论怎么做，微商这个全新的商业模式对传统企业来说，都将是一个巨大的挑战。

微商第一拨的品牌都是一些草根创始人，因为机会，大家蜂拥而至。因为没有足够的实力来支撑一个品牌的成长，大部分的品牌倒下了。

第二拨是有经验、有实力的集团型微商，这些是目前微商江湖的主力。这些人的玩法和第一拨人完全不一样，他们会按照“生意”的标准来操作微商。

第一拨人在做微商的时候，很多创始人都会有些赚快钱的想法和手段。有些人也因此赚到了一些钱，但违背商业逻辑的生意是不能长久的。但第二拨人却不一样，这些人能够耐得住寂寞，会慢慢做。这是好事，任何商业环境下，都需要这样踏实做事的人来支撑。

还有第三拨进来的人，他们是传统企业。这样的企业主理解的生意和前两拔人是不一样的，于是，结果也是不一样的。

传统企业如何转型？第三拨人做“根基”，第二拨人做事情，第一拨人卖货和买货。看看淘宝的前生今世，你就会明白我今天的说法了。

相比传统企业，这是微商优势

前段时间，有个传统品牌来公司聊微商，让我用一些通俗易懂的话来描述一下微商。我认为微商其实是一种全新的商业零售渠道。

以化妆品为例，原来是怎么做市场的？第一，每年会有春秋两季的招商会，把代理商和准代理喊过来，告诉这些人新产品有多好，然后就是压货。第二，找到类似屈臣氏这样的渠道，花广告费、促销费、进场费进入，然后等着渠道的账期。大牌一点的厂家会请明星、做广告、搞活动，一个品牌做起来一般要一两年的时间。当然了，大部分品牌即使做了这样的投入和动作，也不一定能做起来，这也算是高风险的行业吧。

对于微商，只是通过网络的方式，招募了很多的个人来卖货而已。通过各种手段让这些卖货人把货卖出去，赚到钱。相比传统企业做法，做微商是不是轻松了很多？

微商是什么？从企业的角度来说，微商就是一个通道，一个连接产品和消费者的通道！

过去，企业生产产品，然后卖给总代，总代卖给省代、市代，最后通过商场到达消费者手上。而今天呢？你的产品设计或许都是由消费者决定的，产品还没有出来，或许就已经预估到销量了，过去能实现吗？敢想象吗？今天的消费者，如果对你的产品有兴趣，他们可以在互联网上传播你、帮你卖产品。比如今天的微商，不就是这样吗？

第二章　做微商必备的三个条件

1. 第一项条件：心理修炼

创业千万不要怕慢

人就得有所坚守，不能总是“流浪”；想改变口袋，先改变脑袋，没有行动力的人终究会被淘汰。首先想说的是，我关心的是什么？答案是客户！如何让客户价值最大化才是我最想解决的问题。

从创立微商团到现在，经历了自我怀疑、抗拒做产品的诱惑，再到今天内心的平静，或许这是所有创业者都会有过的历程吧？还好，我没有迷失。因为我们的努力，终于赢得了客户的认可，今天，有太多的客户要和微商团谈合作。我们希望通过努力，让团队成员过上体面的生活。只有团队成员没有后顾之忧，才能静下心来踏踏实实地服务更多的客户。有很多人都觉得我挺傻，一味地做服务。而我一直傻傻地坚持到今天，我们的收获不见得比做产品得到的要少？一路上，同行越来越少，这或许就叫“剩者为王”吧！

我特别想给那些每天都来看文章的读者提两个建议：第一，认真服务好客户和团队成员。一定要做到心无旁骛，给自己半年的时间，认真做好这件事情。第二，坚持到底。无论什么时候，方法总比困难多。只要自己能活着，你就有机会成为最后的赢家，但前提是你要有一个好产品！

攀比是专注的天敌

我曾提到，微商团准备合作一个影视公司，专门帮助那些关注品牌建设的企业来提升其品牌价值。结果出现了两种声音，一种声音是以麦中宝吴总为代表的声音：“加油，我来支持你。”另一种声音说，你不是只做微商吗？你不是经常讲要专注吗？而你自己却在“胡乱扩张”！

这不是在“胡乱扩张”，这是在夯实“卖好货、好好卖货”这个核心理念，而且还是专业的人干专业的事，不是微商团自己要做一个影视机构，而是合作一家。

无论是开饭馆还是做互联网服务，最终目的都是为了让客户满意，而不是让自己满意。很多人在创业的过程中，感性经常会战胜理性，这其中最大的问题就是忘记了当初的目标。

特别是取得一些成绩的时候，因为信心的爆棚，会认为自己“无所不能”，于是做了很多自己不擅长的事情，或者是自己根本无法把握的事情。比如做微商的你，当初为什么要做微商？目标是赚到多少钱？大部分人都实现了当初的目标，但现在肯定不会觉得自己幸福，因为你又有了新目标，为什么？因为攀比的心理。

每一个创业者都想把自己的事情做大做强，但做大做强不是要开多少个分公司，不是要招多少个员工，而是把自己的产品做到最好、让自己的客户足够满意。通过好产品和服务来支撑做大做强的目标，而不是一味地扩大经营的规模。

就如微商团一样，一开始的目标只是教从业者如何卖货，但这个项目已经做得足够大了。所以我们现在讲少即是多！目标越小、市场越细分，越容易做出爆品。

做大做强，做出来规模真的是你想要的吗？还是因为你看到别人在不停地变化，你自己的欲望和目标也会跟着不停地变化。最终，我们不是在做自己，而是在做别人。如此下来，岂不可悲？

创业是有关心态的游戏

传统企业触电需要找到那种可以帮助企业落地的导师共同探讨，因为老板的每一步举动都可能关系到企业的生死，而他的责任就是找到那个导师。有了成熟的经验和解决方案，还需要找到那些踏实做事情的人来实施，才有机会实现这些经验的价值最大化。

当初，大部分人不相信我的目的，就像我做微商团的时候，我说微商团不涉足产品、自己不卖货、不卖培训，却没有人相信。到现在，你也没有看到微商团去卖货。但你看到了像东顺集团、麦中宝这样的大型企业开始和微商团进行战略合作，你还会看到像东莞澳门大包这样的新兴品牌也在与微商团形成战略合作关系。

能够站在金字塔塔顶的动物只有两个：雄鹰和蜗牛。当很多人都在苦苦寻觅如何做成一个雄鹰的时候，我和微商团的小伙伴却在默默地做一个安静的小蜗牛。

关于每天写文章也是一样的逻辑，很多人都认定我一定坚持不下来。我也曾怀疑过，这样坚持下去到底有没有意义呢？我已经坚持了一年多的时间，这样坚持下去有用吗？

其实一开始我也没有概念。当我看到微信里，每一篇文章点赞的人数都在一千甚至两千的时候；微博上，每一篇文章也会有几千人来读的时候，我才感觉到一丝丝的欣慰。再后来，当澳门大包、东顺集团、麦中宝、跨界这些企业找到微商团的时候，他们都说是因为看了我的文章，认可我的理念才合作的，这些鼓励会更加坚定我坚持下去的信心。

微商团和高手营亦是如此。微商团每一个会员收费 980 元，

为客户提供一年的服务，从会计的角度来算，这肯定是亏钱的。因为微商团不像那些没有服务的圈子，微商团的服务团队超过50人，每年的人力资源支出就是几百万。

高手营也是如此，我手把手来教大家去卖货。安排微商团的销售冠军赵敏来负责这个项目，每天在群里解决问题，每个月再提供一次线下培训。高手营的小伙伴还是卖他们自己的产品，那些产品和微商团都没有任何的关系。微商团不赚一分钱的提成，但还要提供最落地的服务给到大家。

聊了这么多，只是想让你知道我的心态，作为一个创业者，我和你一样，也想做好一件事，做好一个事业。但在前进的道路上，我十分清醒。我知道自己在做什么，为什么？只是因为过去我吃亏太多，我才会在今天变得如此“老实”了。所以说，经验都是通过教训换来的。

我知道我做的每一件事的价值，坚持下去，每一件事都会有一个爆点，通过引爆那个点，进而实现创业的化学反应。创业不怕慢，就怕经常换目标！活着走到终点比什么都重要。我不想做一个搬砖式的创业者，我想做成一个事业，我想让我每天的坚持都变得有意义、有价值。如果你觉得我够靠谱，请推荐你身边做微商的小伙伴一起来到微商团，还有你身边那些传统企业主，让我们一起来践行“卖好货、好好卖货”的微商理念。

创业只做梦想

我特别喜欢看周星驰的电影，为什么星爷能够戳到我的心窝？如果你细心就会发现，星爷所有的电影都在围绕梦想这个核心词在做。

梦想、努力、拐点、成功就是星爷电影的核心关键词，而这一系列的关键词恰恰是触动我内心世界的关键按钮。因为绝大多数的人，都是这样的人生际遇。只不过有些人实现了梦想，而大部分人一直奋斗在路上而已。

梦想没有实现，得到的是一种安慰和希望；梦想实现了，得到的是一种认同感，这才是共鸣的核心，才是真正懂你的星爷每次都能赢得赞誉的原因。再看徐峥和冯小刚导演的电影，演绎的都是一些普普通通的接地气的梦想，所以，才会和你我产生共鸣，只是大家表达手段、深度、广度不一样罢了。

人的一生就是一场戏，所以，输赢不要太在意！既然都是演戏，你我为什么不演成一场喜剧呢？这个世界没有输赢，只有得到和学到！

微商团所做这些工作的内在动力，在我看来，也是一种梦想！我相信梦想，更相信梦想的感染力。于是，公司里面有了珊珊、全帅、雁传、微微、歌星等这些人的追随，微商团才得以有所成就。

你为什么要微商创业？为了家庭、为了自己的面子、为了房子、为了……

把所有的目标都忘掉，只做好一个目标，花足够的时间做好某一个目标。比如说，你只用想办法好好卖货就够了，其他的事情先不要再去想。坚持下来，三个月、半年、一年，甚至更多的时间，如果这个目标实现了，其他所有的目标不就都实现了？创业就是这样成功的！

2. 第二项条件：商业知识修炼

创业，要学会使用杠杆

创业、上市等这样的字眼一直都充斥在我们的视野里。特别是微商起来之后，各种成功的案例更是比比皆是。对于很多平凡的人来说，这些信息就像“兴奋剂”一样。

你的朋友圈里面 500 人应该是有的，里面有些人在卖产品，跟这些人谈谈；也有一些人和你一样，有大把时间，想做点事儿，和他们谈谈；特别想赚钱或者做事情的人，也去谈谈。不要谈太多，20～30 人就够了。把你的卖货技巧教给这些人，让他们跟你一样，好好学习卖货技巧，认真卖货，最后每个人也复制 20～30 个像他们一样卖货的人。你的团队也就初步成型了。花些时间和心思，认真经营好你的团队。我不敢保证“大富大贵”，月入过万还是很轻松的！

除了你的团队负责人提供指导，微商团和微阵也会提供全套的辅导。目的只有一个，让你卖好货、赚到钱。只有更多的“你”赚到了钱，我的事业才会稳定、才会有前途。

学会使用杠杆的原理，用杠杆来放大你的利益。如果你是老大，把团队带好，你可以挣到更多钱，这个团队就是你的杠杆。如果你是团队成员，跟着老大学，老大就是你的杠杆。

以农民种地为例，秋季大家都在种玉米，但隔壁邻居种的是甜玉米。收获的时候，邻居家的玉米是按穗卖的，而大部分人种的是普通玉米，只能按斤称卖。同样是种地，最后的结果却有天壤之别。

同样是创业，同样是做微商卖货，几年之后或许就是完全不同的两个境地。所以，我从来没有考虑如何通过卖货赚钱，但我一直在考虑如何通过卖货让商家和卖货的人赚到钱，这是完全不一样的两个概念。

不去逢迎客户

希望有更多的创业者，多出来走一走、看一看，我始终相信：见识比能力更重要！很多人的成功和失败跟能力、资源、机会这些客观因素关系不大，更多的原因是见识不足。

坚持做好你自己，服务好某一类人，把这些人筛选出来，踏踏实实地做点事情，伺候好这些人。这些人会喜欢你、信任你、购买你的服务，最终你也就赢了。不管是微商团的各个服务项目，还是我的演讲和文章，我从来都没有想过要讨好所有的人，只要那些认同和喜欢我的人满意，就足够了。

有些人问我，为什么你的微信公众平台里面的评论都是表扬之类的？我说，那些骂我的评论，从来就不会被通过。如果有持续骂我的，我也会拉黑。这么多喜欢我的人，我还招呼不过来，何必要在意那些不喜欢我的人。说这些话的时候看似是轻描淡写，但这些经验都是经历过无数的失败、痛苦、反思才换来的，经历过的人自然会明白其中的价值。

我个人的经历或许有些代表性，没有读过大学，农村出身，没有任何的背景和人脉，再加上一毕业就开始创业，过去十几年中，经历过很多次大起大落。有钱的时候八面威风，没钱的时候也会为吃饭发愁。之前是什么都想做，什么客户都想要，最终一无所获。所以要学会选择客户，做一个有态度的创业者。

少即是多

创业要学会做减法，少即是多！过去很多人邀请我们做面膜产品，我们没有做；过去有很多人拉我们做合伙人、送股份，我们没有要；过去还有人要合作培训，卖培训给微商团的会员，我们没有做……我们没有做的东西有很多很多，我们拒绝的那些都是可以快速收钱的项目。

耐得住寂寞、扛得住诱惑是创业者最为稀缺的品质。知道自己要什么？要走向何方？这两点比什么都重要！

“少即是多”同样也适合你。比如产品少一点，产品越多越难卖得好，因为客户选择的机会越多就越难以做出选择。无论你自己还是别人，不管有多少产品，能做好的永远就是那么一两款。互联网是一个极致单品的领域，还是一个以点带面的领域。做好一个点，然后再慢慢地建立起自己的生态。

少即是多，创业要学会做减法。创业者为什么那么喜欢做加法呢？很简单，就源于内心的各种恐惧和不自信。老板怕这个项目万一不行了，还有另外一个；卖货的人想，多做几个产品，万一这个客户不需要，我还有另外一个；多学一点东西总归是好的，艺不压身……

对吗？认真想想好像不对，但实际操作的时候又没有办法控制自己欲望。一方面，不自信。不相信现在的这个项目就能成功。当你不相信的时候，也就自然没有办法创造奇迹，你是你所想。另一方面，就是贪心！想要更多的好结果出来。如果你没有付出足够的努力，又怎么会有好的结果出现呢？

为什么别人找我合作项目的时候我都要拒绝？很简单，我的

优势是做圈子、服务会员，做别的真不见得行。这是很多创业者无法走出的误区，很多人都会认为自己是万能的、无所不能的。特别是取得一定成绩之后的创业者，在这方面，显得尤为明显。他们根本听不进去任何建议，但表面上还会说，要冷静、谨慎、专注……大家都会说，但真正做到的人太少了。

比如有些人做了一堆的产品，美其名曰，这些都是养生类的产品。可是做微商，单品都卖不出去，还想着要做全品类，这不是笑话吗？我也是从那个阶段走过来的人，今天再回头看看，感触才会有如此的深刻。

创业之初，我们对于人才的标准是认同价值观、踏实干活。今天，我们的标准是行业领袖，所以选择人的标准也会改变的。公司在发展，每个阶段对于团队成员的要求也是不一样的。

坚信专注的力量，更坚信梦想的力量！这个世界上，看透世事的人本来就不多，即便是看透了，还能够说服自己做到的就更少了。看透需要的是见识和决断力，做到需要的是自我说服的能力，这是我最近两年的感受！

不管是着眼于现在还是要将来，没有对与错之分，每个人想要都不一样。在我看来，做个产品赚点钱不是我想要的，所以，我选择了做服务。

机会是均等的，只是很少有人愿意相信这是一个机会而已。

第一拨下海的人，被多少人质疑？后来，社会发生了变化，全国以经济建设为中心，他们成为社会的主角，又有多少人仰望他们？

在微商团的创业路上，我还学会了做减法。服务项目一定要少，越少越容易做爆品，越容易做出口碑来。顾客也要少，在过去，有很多大客户被我们拒绝了，不是因为我服务不了，而是因为我想专心服务那些卖货的人。

过去做了很多在今天看来是错的事情，后悔吗？没有！因为当初的每一次选择都是当时的情况下自己认为最好的决定，所以，何谈后悔？有遗憾吗？肯定有！每次在面对人生选择的时候，没有人能给你足够有用的建议。父母给得最多的建议就是老老实实做人做事。遗憾什么？遗憾出身和见识，但这一切又是无法改变的，所以，也就无所谓了。

如果我在第一次创业的时候能够碰到一个指路人，我想，我会少走很多弯路。只要方向正确了，我会有足够的耐心、信心和行动力去实现既定的目标。古人说，读万卷书不如行万里路……

为什么来上海创业？对我来说，这其实也是一个非常大的挑战。我要放弃过去十几年经营下来的所有社会资源，只身一人来到一个陌生的城市，从零开始。走出来最大的动力其实是来自孩子。道理非常简单，我想给孩子创造一个不一样的成长环境。只是想让孩子们能够多一些见识。在我看来，上海这样的一线城市

和原来的城市有着巨大的差别。所以，我想接受挑战。

创业者不缺少创意，这个世界更不缺少产品，缺少的是验证创意的方法。

我花这么多年的时间，写下了这些文字，算是我对自己、对微商、对微商的参与者做了一次完整记录。其中的观点和看法仅代表我个人的意见，跟我的公司没有任何关系，但我希望这些内容能够对你有所启发。如是，倍感荣幸！

未来，我还会坚持写作，如果有机会，也希望你能关注我的微信和微博，来看看我每天的分享。当然，也欢迎你来“拍砖”，我会虚心接受的。

3. 第三项条件：实践修炼

决战微商新拐点

无知最可怕的地方，就是你不知道自己无知。当你用自己所掌握的知识，把自己的眼睛蒙住，无论做什么事情，都用自己掌握的知识去衡量的时候，就会像蚕织茧一样，把自己跟这个世界分隔开。

如果你真的能看明白这节，或许你就能抓住这次微商拐点的新机遇！为什么要抓住微商的机遇？理由只有一个：市场需要这种创业模式！成本低、效率高、影响力广。短期内，还有比微商更好的模式吗？换句话说，除了微商这个模式，传统企业还有其他更好的机会吗？微商从2013年的仿品、代购开始；到2014年卖代理权，特别是面膜、化妆品的代理权，曾经是红极一时；再到2015年年中，微商遭遇断崖式的下跌；2015年下半年，才逐渐回归理性和健康……

微商这一路走来可谓是坎坷无比，或许这就是任何一个新事物应该经历的过程。就如我给公司同事开会说的，微商团倾其所有，站在微商这个风口上，如果赢了，皆大欢喜；输了，则是时运不济。

我们今天做个假设，假设微商有未来，假设微商开始反弹，开始变得更加健康，我们想把握好这次机会，需要怎样的准备呢？很多人会说微商的本质是“商”，应该把握“商”的部分。我不否认，就像大家常说的那样，产品要好、模式要健康、利润分配要合理等这些事情，我觉得都重要，但这一切却不是做好微商的核心。

任何商业模式说到底都是卖货这两字。而微商方面的卖货，微商团解决了，而且是规模化地解决了，这也是我们的核心竞争力！

我看过很多的微商团队，或者卖货的微商，也有一些人能够把货卖好，但他们的能力都是难以被复制的。我原来提过很多

人，比如孟孟、七格格、海鸥这些人，他们很会运营，也确实做得很好。但他们的那种卖货能力（个人零售单天可以做到几万）是很难被大量复制的。哪个微商品牌能够找到这些人，实在是运气好，而这些人能不能创造更大的价值，就在于这些人能否把自己卖货经验进行规模化的复制。

那如何做到规模化的复制？线下的销售团队培训、管理需要哪些东西？

我认为最重要的是态度。一个销售人员到底能不能做好销售，大部分时候不取决于他的技巧，而是取决于他的态度。你到任何一个销售团队去看，业绩第一名的人往往都不是那些聪明的人，而是那些踏实干活的人。

带销售团队还有一个细节需要明白，世界上很少有人通过自己卖货而获得巨大成功的，大部分都是通过“复制”更多的卖货人才取得了最终成功。

很多人会说，微商要扁平化，卖货人直接对接公司，不要中间层……说这些话的人都是销售领域的外行。如果没有中间层对接，公司能够直接管理多少人？单单这一点就限制了公司的发展。何况有些人天生就是带团队的人，你不让这些人发挥带团队的能力，而一味地去卖货，不管是通过成就感还是收入，你都留不住这样的人才。

还有一些人，是天生需要有人来带着才能做下去的，如果这些人你不给他们准备好一个“带头大哥”，也肯定是不行的。

准备好一个“带头大哥”后，同时还要给到大家足够的资源和支持，并给大家足够的试错机会，让大家没有后顾之忧，只要安心做事就好了。我相信，每一个人都有机会创造属于他自己的奇迹。机会是给有准备的人的，但有准备的人太多了，所以，想要更胜一筹，就要比别人多付出。

1998 年，我第一次接触到销售，我做了两件非常有意思的事情：第一，尽我所能，做出来最好的业绩。在我看来，如果一个销售的团队老大不懂得如何做业绩，那就很难把销售团队给带好。第二，团结一切可以团结的同事。一个销售团队能否成功，取决于这个团队的凝聚力和战斗力。于是，那个暑假我把自己赚到的钱，还借了所有能够借到的钱，全都用来请当时的同事“吃喝玩乐”。我想以此来验证能否团结好大家？

非常庆幸当初的选择，虽然当年我只有十几岁，但我做了一件非常正确的事情。那个时候用所有的精力、钱和资源去做“练习”，正是因为当年的练习做得足够到位，以后的创业才会轻松一些。除了天才，这样的“练习”都必须要做，只是早晚的问题。二十一二岁的时候，我就已经带了上千人的线下销售团队，其实就是因为我当初做了足够多的“练习”而已。

如果微商的核心就是卖货，那么我有足够的信心来赢得这次

机会。我有大量可以被规模化复制的卖货经验和销售团队管理经验，而且这些都是已经很系统的内容，搬过来就能用的。

其次，关于卖货技巧，要么被大家想得太复杂，要么就是过度依赖技巧，认为技巧是万能的。很多人一提到卖货技巧，第一反应就是我不会，我不懂……

你的这种回答，在某种意义上也是一种技巧，或者蕴含着一定的技巧。比如，你是怎么给别人介绍你自己的？哪个点是促使客户相信你的关键按钮？如果认真分析一下话术、看看聊天记录，很快就会发现规律，这种规律其实就是技巧。

社交电商的核心是人，别人从看到你的账号或介绍页面开始，对你的判断已经开始了。比如静态的，你的朋友圈是否专业？微博是否活跃？内容是否真实可靠？能否让别人喜欢？等等，这些都会是别人判断你的地方，所以，要做好这些细节。还有动态的部分，你是否热情？是否专业？是否诚实或者值得信赖？产品价格是否合理？等等，这些通过交流可以获得。

很多的人能够在短时间赢得客户的信任和好感，事实上这些人已经掌握了足够的沟通密码。而你想做到他们这样的阶段，唯一的方式就是搞懂其中的规律，进而大量地练习。除此之外，别无他法。

有些人会说，沟通和交流的前提不是真诚吗？为什么要用这么多的技巧？我想说的是，使用技巧就不真诚了吗？真正的好产品如果不能第一时间卖到客户的手上，那才是卖货人最大的悲哀!

技巧就像打仗的兵器一样，没有最厉害的兵器，只有最好用的兵器。用得最顺手的兵器就是最好的，因为熟能生巧，掌握到了那个“巧劲儿”，才有机会发挥兵器最大的价值。

最后，说说团队建设方面的事情。第一，关注那些认真卖货的人，想办法让这样的人去培养更多的高手出来。一个团队中，这样的人应该是所有团队成员的榜样!

我原来带团队的时候，把那些卖货能力最强、最稳定的人提到管理岗位上，不让这些人去卖货，而是让这些人去做管理和培训。很多人都觉得这样做很傻，应该让这些高手继续卖货。但你知道吗，如果这些高手能够帮我多培养出来两个卖货高手，那将是多么划算的生意?

第二，去关注那些可以被复制的经验。团队中业绩第一名的人往往非常厉害，但第一名的能力和经验往往难以被复制。所以，那些每天只是零售500元左右的人才是我推崇的榜样。

在这个方面，也是很多销售团队老大难以想明白的事情。一个人再怎么能卖货都不如让一群人卖货来的量大，哪怕大家的业绩都是普通的。还有，如果团队老大把希望寄托到某一个人身上的时候，这个团队也就危险了。

第三，团队利益分配。一个卖货的团队，最应该赚到钱的人

有三种：基层卖货的人、卖货人的师父、带团的老大。每个月赚钱最多的必须是“不干活”的团队老大。

从基层卖货人到带人的师父，再到团队老大，这个过程中，必须要有一个科学、合理的晋升规则，这样的团队才会有凝聚力和战斗力。

如果能把这些文字看懂，结合自己的实际情况，全力以赴地去行动，我想，这一次的微商拐点，你一定会大获全胜！

我和你本质的区别在于，我的实战经验比你丰富一些，也就是说，我的“练习”次数比大部分人多16年。从一开始进入微商领域那一刻起，我就认为微商的核心在于卖货，其次是微商一定会规模化发展起来。这两点，我都对了，万幸！接下来就是带着我的团队，好好做细节！

分享这么多关于卖货和带团队的经验给你，希望对你有所帮助。更希望你能成为新微商的拐点，而不是被新微商拐掉！微商的机会这么大、这么好，不是哪一个人能够全盘拿下的，需要我们一起来抓住这次机会，创造一些属于我们各自的奇迹。

你的创业魄力在哪？

微商团的很多客服人员为什么自觉自愿加班到晚上两三点？因为这些人非常清楚我们是如何给客户提供服务的，更知道自己产品的价值。

销售的最高境界就是不用销售，技巧的最高境界就是没有技巧。如果一切都是为了服务好客户，给客户带去价值，那么最后的成交一定是必然的结果。所以你会看到，微商团的会员几乎百分之百来自于老会员的转介绍。

如果只是为了赚钱，我不用做微商团，直接做个化妆品就好了，而且从2015年就开始做。以我们团队的运营能力来看，结果应该不会差。

不做实物产品是因为我不懂产品，我不敢保证我做的产品能够被市场认可，尽管我也会很努力，或者也会对厂家提出要求，要求他们必须保证产品品质之类的。但我依然不觉得，我这个外行能够做出好的产品。

除了对自己的不自信之外，还有对供应链不够自信。无论做产品，或者是做工作，我个人是那种极度苛刻的人。与其花费大量的时间和精力去改变别人，还不如做自己擅长的事情、改善自己能够力所能及的服务内容。

创业十几年，我做项目有一个底线：掌握主动权！不懂的事情坚决不碰。早期的创业失败，就完全是因为没有掌握到主动权，最后，很多的想法没有办法落地。后来，我给自己定下一个标准：可以不用主动权，但手里必须有主动权。下雨天，有伞不打和无伞可打是两个不同的概念。

现在找个像样的产品不是个难事，但找到好的团队却是非常困难的事情。我花两年的时间，做出这样的规模。这个经验对我很重要，对于想做微商的传统企业主来说，也很重要。

比如我们的客户麦中宝，他们从小麦的麸皮中提取出来的一种物质，其功能和粗粮差不多，但比粗粮更营养，对于润肠通便，有着不错的效果。麦中宝是个好产品，我有好的运营微商的经验，各自发挥自己的长处，这比我自己做产品好太多倍！原来说这些东西的时候，没有多少人能理解，现在，大部分人都能看明白其中的“道道儿”。

我们工作的原动力是什么？不展开讲，只说来自于客户方面的原动力。他们相信微商团，跟着微商团一起成长。他们成为很多人心中的大咖，也赚到了钱。看到他们的改变，我会感觉到强烈的幸福感。我和我的团队，通过自己的努力，创造了收益，同时，又改变了别人的命运。我觉得这种收获，真的很好。

一直坚持用心服务客户，用最好的产品来服务客户。在别人看来，这或许是非常慢的事情，或者有点不太“划算”。但在我看来，这是一件极其有意义的事情。微商团现在还是“滑行”的阶段，终归有一天，你会看到“腾飞”的那一刻。你肯定会惊讶，惊讶我收获了莫名其妙的额外奖励，因为太多人喜欢锦上添花。我等着那一天的到来！

如果这样的心态叫情怀，那我肯定是一个有情怀的创业者。

但我觉得，我也是一个理想主义的创业者。回到主题，情怀值多少钱一斤？我不知道，我觉得，只要对别人有好处的事情，尽量多做。

很多的创业者都是看到什么赚钱就去做什么，最后什么钱都没有赚到。要学会“累积”自己的核心竞争力，而不是想着去赚钱。能力有了，钱自然就来了。钱是世界上最不“忠心”的东西。

做微商真幸福，每天不耽误自己锻炼身体，又能很好地照顾家庭，还能赚到比上班多很多的收入。有人问：司令，还有比微商更好的工作吗？这个我还真回答不了。

为什么有些人总是输?

我发了一条微博：在很多领域，很有天赋的人失败了，很努力的人成功了。这个世界上谁不努力？哪个不拼命？但最后为什么还是输得一塌糊涂？不管是我们公司的小伙伴，还是周围的朋友，再或者是自己的同学，以及那些已经成名的人。我发现，那些踏实、努力的人，而这些人又恰恰遇到了一个好机会，最后，这些少数派成功了。

有些人很努力，但没有合适的机会，也就是没有把努力进行杠杆化放大。辛苦一辈子，碌碌无为；又有些人，每次都能看到机会，但自己能力有限，但或者说没有好的手段去把握那些机会，实在是可惜！就如现在很多的创业者，很多时候不是因为大家不努力，或者大家智商不够。有些时候，或许就是一句话的事

情，如果你拗不过来，那就会卡在原地打转。

一个创业者，无论你做什么，最终都将回归到家庭这个层面上来。不后悔的成功才是真正的成功。年轻的时候在追求钱，年老的时候在用钱去补偿一些东西，那就太不划算了。

很多人问我，为什么那么多人会去玩那些囤货、招代理的游戏呢？一个原因，人的本性使然，容易忘记历史，所以，大家很容易把自己的命运寄托到一夜暴富的神话里。另一个原因，自以为是，怀着这样心态的人往往会觉得他们是这个世界上最聪明的人，认为只有他们才是发现机会的人。殊不知，那就是陷阱而已。成功和失败都是自作自受的结果。

为什么没有转化?

做了那么多的广告，为什么就是没有转化呢？其中原因是搞不懂别人要什么，对很多创业小白更是如此！

原因可能有两个：一方面，确认顾客的痛点和你理解的痛点是否一致？只有大家的认知是一致的，才会有机会建立共同的话题和目标。也只有这样，才有沟通下去的可能性。另一方面，确认痛点的过程也是放大那个痛点的过程。让客户再次感受到痛，加强客户改变现状的决心，坚定其做出行动的信心。

如果你认为自己重要，你会想办法找到和你相匹配的资源，借力使力，最终创造价值最大化，但前提条件是你自己必须要把微商做好才行。否则，空对空的忽悠肯定是不能长久的事情。

微商最终竞争的核心其实只有一个，那就是卖货能力的竞争。谁能解决这个问题，谁就能成为这个领域的老大。专业的人干专业的事，我们让微阵上的那些高手什么都不用操心，只是用心地培养徒弟就好。半年下来，队伍的规模也就出来了，各取所长、各司其职。

如此看来，成功好像很简单？事实上也就是这样简单！不要拔苗助长，把该做的事情都做好了，最后的结果一定是你想要的。

为什么很多微商团队解散了？

团队老大是什么样的人？核心骨干又是什么样的人？这些人又是因为什么原因聚在了一起？做了多少的“正事”？又干了多少“骗人”的把戏？

把上面这五个问题搞明白了，团队建设的问题自然也就明白了。世界是公平的，你付出什么样的努力，就会得到什么样的结果。找到够优秀的人，和大家一起朝着一个方向努力下去，这才是创业。即使最后失败了，至少可以总结出一些有用的经验，而这些经验将会是你一生的财富。

别人凭什么跟着你玩？第一，能够让追随者学到东西；第二，能够给追随者一个明确的前途预期；第三，团队氛围融洽；

第四，钱，可以养家糊口的钱。这四个要点的优先级别是递进式的，做好这四点，你也会有一个好团队。

一定要真诚，一定要做“正事”，一定不能欺骗别人。过去的微商团队，大部分都是在忽悠小白，都在骗小白来囤货。大家聚在一起搞这样的事情，不解散才怪。

再来回顾一下，首先要学会服务客户；其次是坚持做对的事情；最后，找到正确的人，大家一起前行。这样，创业成功，就在眼前！

要和牛人在一起！

不管做什么，尽量找到那个行业里最顶尖的人，向那些顶尖的人学习，最好是能和他们待在一起。也就是我提到的，如果不能成为牛人就想办法和牛人在一起，就是这个道理。

很多人会说，找到高手学习的成本会很高，等我有钱之后再去找他们学习。细想下，成本真的高不可攀吗？再者，正是因为你有“等有钱之后再说”的态度，所以，一直都没有钱，这是一个先有鸡还是先有蛋的经典问题。

我们公司每天下班后都会组织大家看一段优米网上的视频，很多大佬在讲自己的创业故事或者是方法论，一个优米网的年费会员才几千块而已，与所收获相比一点也不高。

视频结束之后，做简单总结，然后，大家在微信群里讨论一下自己的感受。找到哪些是可以用到的知识？哪些是你收获到的心得？大家相互学习一下各自的观点……这个习惯坚持下来，哪怕有些同事以后离开了公司，他们也会感激在公司学到的知识。

关于看视频这个事情，不要指望一个视频能够教会你太多，记住其中一句对你有用的话就已经非常好了。对我影响最大的一个视频——刘芹的《天道不一定酬勤》。百度里面就能搜到，你去看看，也会有所收获，记得谢谢我的推荐。

我特别庆幸遇到了如此繁荣、多元的互联网世界。我们很容易获取到大量有用的知识，而且很多都是免费的。很多时候，不是我们做不到，而是我们以为自己做不到，所以，也就不去尝试了。万丈高楼平地起，但如果能够找到更好的方法，会加速我们前进的效率。

和牛人在一起，最重要的是学习他们的格局、感受他们的思维方式。有很多收费比较贵的课程，都是找那些行业当中比较牛的人去讲课。比如创业家的黑马营、李善友的混沌大学以及各种商学院等。

马云在很早之前说过，如果你不做电子商务，明天你将无商可务。一开始，很多人会觉得这句话很荒唐，不就是为自己的淘宝做广告，顺便唬一下客户。现在再看，确实应验

了。马云看到的互联网，肯定和你所看到的完全不一样，理解和认知就更不一样了。所以，我们经常说，内行看门道，外行看热闹。

同样一件事，目的不一样、方向不一样，所使用的手段和方法自然也就不一样，最终的结果也将是天壤之别的。

或许很多人会说，接触到牛人太难了。我承认这一点，那一定不是一件容易的事情。正是因为难，正是因为成本高，所以很多人都是望而却步、知难而退。也正是因为很多人一直都有这些不可能、办不到、没钱等这样的认知，所以，他们一直停留在幻想，并且还把这样的情绪和认知一代代地传下去。于是，“富人”越来越富、“穷人”越来越穷！

方法和格局都重要，缺一不可！动而失败总比坐以待毙强！

关于赚钱，我可能和其他人的想法不一样，首先要让客户赚到钱，其次是自己赚到钱，而且大家都必须赚到钱，合作才能长久地走下去。而我的目标在后面——我在建“一条路”，把企业、卖货的人、消费者通过这条路连接起来。

这条路一旦建成，那才是有意思的事情。对于通过卖货赚钱，我没有丝毫的兴趣。但我要让厂家、卖货的人能够通过卖货赚到钱，让消费者得到实惠。只有满足了大家的需求，我才有机会实现微商团和微阵在资本市场上的价值最大化。

微商创业应该做什么

说说最近身边发生的一些事情，让我觉得有两件事很重要：重视微博+好好卖货！第一，从平台属性还是从聚集到的人群来说，微博与微信、QQ空间都是不一样的。那些“生产产品的人”很多都是在微博上，而卖产品的人，大部分都在微信、空间里。因为平台的特殊性，那些“生产产品的人”即便也在微信或空间里，但你很难看到这些人；而上微博，很快就能找到这些人。

我需要找到这些“有产品的人”，和他们一起来玩微商。你看我每天早上晒的那个高手营业绩排行榜，那可是高手营小伙伴们每天的零售业绩。

我想，很多人会对这组数字有兴趣，对那些创造数据的人更感兴趣，但这些人都是从创业小白走过来的。如果传统企业主愿意一起玩耍，我可以协助他们建立这样的微商卖货团队，但前提是，要出钱！

第二，好好卖货。有时候，去参加一些有关微商的论坛或讲座，一天听下来，大家不无例外地都会关注一个核心点：如何实现卖货目的？

卖货成为大咖、团队老大、品牌商、销售合伙人，大家共同的问题。不管你是讲模式，还是讲趋势，最后都涉及卖货的问题

如何解决？大家都在反复强调卖货的重要性，但几个论坛听下来，没有人能够讲清楚如何卖货。

关于卖货，有着极其强大的市场需求，而且微阵和高手营又很好地解决了这个问题。我需要做的是什么？重复，从量变走向质变。

很多人都在关心微商的未来会如何，我从来不关心这个问题，在哪里卖？卖什么？通过什么样的方式卖货？这些都不是问题，最大的问题是如何把货卖出去。

第二章　起步期：做人比做事更重要

1. 你是做微商，还是在做人

微商是用人来驱动市场的

传统商业都是在用产品驱动市场，而微商则是用人来驱动市场。人对了，后面的结果也就正确了。但如果最终想赢得市场，还必须要用产品去驱动。

举个例子，你和卖货的微商的关系应该是朋友，是你带着大家好好做你的产品。可是很多人会把微商代理看成自己的员工，或者看成自己赚钱的“工具”。如果用这样的心态来做微商，那就不好玩了。

做一个让你的客户为之骄傲的微商，让你的客户知道什么才是真正的微商。否则，你只能选择不停地加粉丝、卖货、加粉丝、卖货这样的循环中。这样的过程不是卖货，而是在卖运气。一个真正的卖货高手，其业绩的70%来自于转介绍。

很多人“为了钱不要命”，各种的胡乱承诺，各种的坑蒙拐骗，一点也不珍惜自己的名誉，觉得一切都无所谓。等到“报应”来的时候，一切都晚了。互联网是一个透明的地方，所有的好和不好都会被永久地记录下来。

微商是社交电商，先把社交的部分做好了，才有机会做好电商的部分。或者说，先做人后做事，两者其实是一样的逻辑！

我希望所有的人都能用好产品去服务好你身边的人，做一个让周围朋友愿意信任的人。如果做到，你离成功肯定不远了。做一单生意，交一个朋友！不要本末倒置。

学会付出，学会感恩

我们常常回想学生时代的发小（好友），不是因为在上学的时候一起做过多牛的事，而是在某个时刻发小（好友）为我们付出了什么。

我们感念这些发小（好友），不仅仅是他们在我们需要帮助的时候给予我们帮助，还是他们对我们的付出是无索求的，真心实意地给予。

实际上，做人就是在做一切，微商也是如此，更多的是在做朋友。做一个让客户喜欢的人很重要，最简单的办法就是学会付出，学会感恩。

对待朋友，不要以交易的心态去维护。逢年过节，买一些合适的礼物送给你的朋友们，给他们说几句感谢的话。很多人会说，为什么要送东西给朋友？那我告诉你，因为是朋友而已，没有别的原因。

如果觉得有必要，那就立刻行动起来，什么都不要想，赶紧送就好了。而且记住不要只送一次，要坚持送下去，不要有任何目的和期待，只是回馈朋友、感谢朋友而已。这不仅是礼尚往来，其实对朋友的这种心态表明了你对朋友的重视，也说明了你是一个懂得感恩的人。你每一次的付出，在未来，一定会收到非常有趣的回报，但你一定要等到有回报的那一刻才行！坚持下去，不要一年的时间，你一定收获到奇迹。

我帮你算一笔账：假设我每次送 50 个生活中的朋友，每个朋友每一次的礼品费用是 200 块，我连续送 12 个月的成本是多少？12 万！看起来是不是有点多？

从 2015 年开始，我开始给朋友送礼物。到今天，我收到大家转介绍过来的客户早就超过 100 万！如此算来，投资回报率实在是太高了，但一开始，我真的没有想到会有如此的回报。所以，不论任何时候，不要老是想着收获什么？要多想想自己能够为别

人做点什么？道理人人都懂，但做到的实在是太少了。

人为什么老是觉得自己不幸福？就是想要的比付出的多！如果每一个人都改变一下想法，想办法去为别人多付出一点，那么这个世界就完全变了。

给人价值越大，回报就越大

前几天公众平台里有一个网友留言，说过去从来不敢分享我的文章。因为文章里经常会推荐一些大咖，怕自己的粉丝被别人吸引走了，这样岂不是帮别人作嫁衣？

但现在不这样认为了，能够把好的东西分享给朋友们，让大家得到价值。那是自己的福分，而且也没有辜负朋友们的信任。重要的是，对自己也是一种鞭策，说明自己还有很多需要努力的地方……

你分享好的内容到底是不是在帮别人引流、作嫁衣？绝对不是，这不是夫妻情谊与他人分享不得，价值分享是种美德，你把好的内容分享给别人，说明你为别人带来了价值，别人反而能记住你、感谢你。

我每天都推荐一些人，按照“作嫁衣”的逻辑来说，我的粉丝越来越少才对。因为我每天都在作嫁衣，粉丝应该都跑到别人那里去了。

害怕的人是没有搞清楚你在朋友心中的价值所在，别人为什么会跟你做朋友？假如这位网友关注我是为了看我的文章，那么，我只要坚持写文章，把文章写得更有价值一些，这个网友就不会“离开”我了。

为什么很多人做不大？因为心态有问题！自己不能给朋友提供价值，又不能帮助朋友获得价值，别人跟你做朋友又有什么意义。往小了说，你这叫狭隘；往大了说，你这叫不负责任。

从开始写文章到现在，已经四百多篇了，我们的粉丝并没有因为别人的分享、转载而减少，相反，因为我的坚持，大家更加信任微商团。我们帮助越来越多的“小白”变成一个个的“小强”，帮助越来越多的人去推广他们的品牌价值。

我说过坚持给朋友贡献价值，不管是送礼物给朋友，还是教朋友做微商，都在坚持做着，任何人的成功绝非偶然。一个人的成功很大程度上取决于你是一个什么样的人，你付出了什么，你就会得到什么，这个世界一定是公平的！你给予别人的价值越大，你得到的信任也会越大。在微商的这个大圈里，你获得信任越多，说明你的脸越值钱，你的品牌和生意也就不会差了。

微商团队能走到今天，就是我们一直坚持敬畏之心和用心服务，我们坚持给小伙伴提供价值。

我写文章推广一个品牌，一周的时间，收费是30万元。我从来不觉得这算什么，我只想告诉你，你的脸值多少钱不是凭空来的，你得到多少信任，你才能收获多少价值。当然，前提是你得给别人贡献价值。

2. 对学习要抱有敬畏之心

你对学习足够敬畏吗

一个人，不管你做得有多大？成功还是失败，都必须要有一个良好的学习态度。古人讲，“三人行，必有我师焉”。同一个事情，不同的人，解决方案都会不一样。不管你能不能理解，相信那些有结果的人。

对学习抱有敬畏之心，这其实是对待学习的态度，之所以敬畏，是对知识的尊重、对教授知识的人的尊重，也是对自己负责。

学习是一个短期感受不到利好的事情。对于急于求成的人来说，很难坚持下去。只有对待学习有敬畏之心，才会去坚持。其实，但凡有所成就的往往就是那些能坚持、会学习的人。成长和前进的道路是个不断学习的过程，知识就是财富，有知识才得以在这个社会立足。做微商更是如此，更应该对学习抱有敬畏之心。

现在的微商只是社交电商的一个雏形而已，不管是从国内还是从国外来看，微商都应该会有一个不错的前途，因为社交网络的蓬勃发展会说明一切。

微商对于所有人来说都是全新的，自身还没有彻底成型，还有很多的不确定性因素，学习是每一个微商创业者必须要做的功课。谁先“理解清楚”谁先赢，就像原来的淘宝，谁先明白淘宝的玩法谁先赚到第一桶金，否则很可能成为一个“先烈”。换句话说，不想成为一个落伍者，你就要走在别人的前面。

微商是社交电商，作为互联网的一部分，一定要清楚互联网的逻辑规则。雷军说：“天下武功，唯快不破。”微商亦是如此，很快就会进入“快车道”。要成功，你必须对学习抱有敬畏之心，做到第一个明白微商是怎么一回事的人。

学习是成本最低的成功之路

要么你花时间，要么你花钱，否则你不会快速成长，这个世界上哪有不劳而获的事情呢？想赚钱很简单，如果我们不是最有钱、最聪明的那个人，那我们就做一个最会学习、最努力的人！不然，你凭什么取得成功呢？

俞敏洪为了改变命运坚持上大学，5 年模拟 3 年高考。马云也是数次赤膊上阵高考 3 年。当年他们什么都没有，但他们唯一没有忘记的就是学习。都说学习改变命运，有人说未必。但不学

习，肯定不会有太大的出息。

有些人张口闭口就是这个也懂、那个也会的，真的懂吗？“三人行，必有我师焉”的道理人人都懂，但你身边的人可以做你的老师吗？

学习是避免少走弯路的最佳方式。因为失败的打击以及重新再来的成本一定远远比通过学习少走弯路的成本要高昂得多。找到有结果的人，花费时间和金钱去学习人家的经验，这才是最节约成本的做法。

向有结果的人学习

我们都知道二八定律，在任何一个组织中，最重要的只占其中一小部分，约 20%，其余 80% 却是次要的。八成的财富被两成的人拥有，细心的微商也发现你 80% 的收入来源于你 20% 的客户。

成功一定有道理，失败一定有原因。做微商要直指结果，能不能成功？很大程度取决于你是不是一个要结果的人。足够的企图心，足够的意愿，再加上执行力，才是我们拿到理想结果的最有效的途径。

你的收入等于你的圈子里朋友收入的平均值。找到一个对的圈子，加入进去，认真地和那里的人交朋友。向有结果的人学习，不要老是抱怨学习的成本高，微博上、微信上、QQ 空间里也有很多的免费机会，但你自己还是需要花时间去领悟。

记住！不要自己不去努力还老是抱怨别人运气好。但如果你的朋友圈有这样的人，拉黑吧，不要犹豫！

3. 路对了，即使慢也能成功

坚持卖好货

“卖好货，好好卖货”，我把这七个字当成一种理念和使命，一直坚持这么做。但很多人却把这句话当成了口号或者是幌子。

给大家讲个故事：有个草原，住着6家牧民。如果大家都能按时开始和结束放牧，每一家都会得到合理的放牧时间和机会。如果大家都坚持这么做，这是共赢的局面。但是，如果有一家没有坚持这些原则，其他几家就会加倍效仿。最后的结果是大家都得输，而且还会输得很惨！

目前，微商的状态和这个牧场很相似。大家都知道坚持卖好产品的重要性，但还是忍不住去投机取巧。

一些团队老大，一边要求大家好好卖货，一边让大家拼命地招代理、卖代理权、囤货、搞促销；一些基层卖货人，虽然知道卖货很重要，但还是忍不住去招代理，抱有各种幻想，要招一些出货能力很强的伙伴，而且还能一心一意地帮自己卖货。

很多人都认可“卖好货，好好卖货”的理念，但都不愿意坚持，希望通过投机取巧一夜暴富。道理谁都懂，但牵扯到自己利益的时候，还是不能把持住自己，还是想追求捷径。看看那些快速养成的鸡、鸭、鱼，你敢吃吗？何况是做一个企业呢？

还有一个细节，就是大部分的人还坚信传统的销售理念——“买家没有卖家精”。他们还认为，只有自己高端、大气、上档次，其他人都比较“low”，这些“low”的人都是很好忽悠的。

但现实是，通过微信、QQ买货的人可不是那么好忽悠的，你骗他们一次，他们就有可能把你的事情晒到微博、微信上去。如果那样，就不是你花多少钱所能够解决好的。当然了，大部分都在抱着侥幸的心态来做事。但出来“混”，总是要还的。

专心做一件事，即使慢也能成功

要用做企业的心态来做微商。用一两年的时间做起来一个品牌，这样的速度就已经足够快了。不要攀比，专心做一件事，坚持下去，好的产品＋坚持的心态，慢慢来，路遥知马力！

还是那句老话：思路决定出路。路子对了，接下来就是贵在坚持了！坚持卖货。把产品品质做好，品牌做到位，供应链、售后、宣传这些争取做到最好。不要比谁笑得早，要看谁活得老。做企业不是“过家家”，很大程度上，你的成败不只是你自己的得与失，还有你的员工、客户，以及那些相信你的人。

人们经常说，没有坚持，又怎么会有结果？坚持下去，去赢取一个成功的自己！未来怎么样，谁也不知道；但我相信，只要路对了，坚持下去，肯定会有好的结果。

很多人觉得我能坚持每天写一篇文章是一件不容易的事情，但我自己真觉得没什么。写文章还给我带来了很多的粉丝和客户。为什么不坚持呢？如果早知道这样，我从小学就开始写了。

今天我的坚持已经不是给大家带去多少干货的问题了，而是坚持写文章的动作很重要。因为坚持，让更多的人看到信心；因为收获，让更多的人看到希望。

有很多人给我写评论说，每次过来看文章，其实已经不再关心文字本身的价值，只是来看看你这份坚持的精神。在他们看来，这种坚持、认真的精神比文字更有价值；做微商也是同样的道理，坚持“卖好货，好好卖货”，让你的团队更加团结，让你的客户对你更加信任，这就是坚持的力量，这也是一种成功的捷径。

有人问我，每天都写两千多字，哪里会有那么多的事情可写呢？我说，每天身边都会发生很多事情，只要用心感受、用心体会，就会发现很多内容来源，当然有得写。很多人不愿意写，一方面是借口，另一方面是认为写了之后得不到什么好处。

当你不是为了赚钱而干活的时候，反而能够赚到很多的钱，这就是坚持的力量。路对了，即使慢也能成功。

微商不是玩股票，潮起潮落，而是需要我们脚踏实地，坚持“卖好货，好好卖货”的理念。让我们的精神在一起，一起傻傻地坚持到底！

4. 尊重比供奉更能服务好客户

尊重是服务好客户的第一原则

企业因客户而存在，因客户而成长，所以要牢固树立服务客户的价值理念，以客户为本。

但是，在表达这种理念的时候，我们经常会犯糊涂。其中最常见的一种表述方式是客户就是上帝。这种表述的确会给服务人员以一种精神状态上的鼓舞，但无法给服务人员以行为方法上的指引。

服务人员面对这样的理念，就好比一个没有做好职业生涯规划的应届毕业生，踌躇满志，却不知该做什么，时间久了，这种精神上的鼓舞作用也消失了，这句话也就成为一句空话。这样的理念会令很多服务人员无所适从。

而如果说客户是父母，是朋友，每个人都有父母朋友，都明白应如何对待父母朋友，知道对父母要尊敬，对朋友要真诚，那么也就知道对待客户也要尊敬、真诚。

说了那么多，其实我就想表达一个意思，空喊口号是很危险的。理念很重要，方式方法也很重要，但是这些理念或方式方法必须是建立在尊重客户的基础上。

客户不是上帝，客户是市场主体之一——人，对待客户就应该用对待人的方法。说得再简单一点就是把客户当人看，这样才能做到真正的尊重。也唯有这样以尊重的方式对待客人、粉丝、销售合伙人，才能在微商的世界里有所成就，但愿我们的小伙伴都能理解这一要义，对待客户一定要踏实，不可随口虚话。尊重是服务好客户的第一原则。

你要真诚到什么时候

如果不能服务好客户，就要想办法找到足够多的新客户，否则，任何商业模式都没有办法走下去。

上面我们一直提到客户对于微商的重要性，既然重要，我们就要重视，对我们的客户发自内心的真诚对待。我们要维护好客户，不仅仅是说话发自内心，行动上更要发自内心，以真心交换真心，用心去服务。

当年张瑞敏接手海尔的时候，第一条规定就是禁止员工在工厂里大小便。享誉世界的海尔当年的工厂竟如此不堪入目，而你

看看现在海尔的成就，你能想象这是为什么吗？除了管好海尔男男女女的大小便，除了怒砸次品做好产品，更重要的是提供真诚到永远的好服务。用心去服务客户，持续地给客户提供价值，这就是微商团赢得未来最好的法宝，不但说出来，还要做出来。微商团的这群人够踏实、够真诚，微阵这个事情是建立在利他的基础之上。

毫无夸张地说，正是用心服务才成就了微商团的今天。也正是用心服务，我才能在很多文章中看到我们可爱的小伙伴喊着："郭司令，我们爱你！"

想要知道我们微商团的经营策略吗？其实就一个：用心服务！尊重每一位会员，用心服务好每一位会员，尽一切努力让大家感到舒服！我们不能做到最好，但可以做到更好！

我们就是在努力给大家做一个榜样，一个用心帮助客户成长的榜样，让大家看到努力服务好客户是可以得到很好回报的。你会发现"真善爱助"比"坑蒙拐骗"，力量更强大，更长久。

很多人做不到的原因有三个：首先，扛不住眼前利益的诱惑，看到利益就放弃固有的原则，你若没有原则谁会喜欢你呢？其次，用自己的感受来衡量客户的感受，没有真正地帮助到客户，甚至是在糊弄客户；最后，缺乏耐心，只是努力一点点，还没有等到回报到来的时候就放弃了。

用心服务到底多少钱一斤呢？算术不好，我解不了今天这道题！把这个问题分享到你的空间和朋友圈里面，问问你的朋友们，用心服务到底怎么卖合适吧？

我现在能告诉你的事实是，对客户和工作怀有一个敬畏之心，再加上用心服务，这两点是成就微商团的核心原因。

常见问题1：不给客户创造价值，就要求成交

做好微商要走正道。对得起客户、对得起团队小伙伴、对得起自己的良心。有句话说，不能给客户创造价值，就不要去成交！真心喜欢这句话，希望对你有用。

今天，客户的重要性被越来越多的人认识，不少企业已经把客户导向作为自己经营战略的基础，好像所有的经营者都知道客户的重要性。

在利润与客户的辩证关系中，客户是第一位的，没有客户，企业也就没有利润。之所以如此，是因为老板们深知，拥有客户就是拥有一切，失去客户就会失去一切。因此，他们对客户的要求往往能做出迅速反应，以满足客户真正的需要。

淘宝开始整治假货，天猫做起了超市，阿里巴巴鼓励支付宝消费以帮助用户养成消费习惯，这些都是为了迎合客户要求和留住客户。为了客户，“外星人”也是会转型的。

今天的公司都在竭尽全力保持老客户，因为，吸引一个新客户所消耗的成本大概是维系一个老客户的 7 倍。根据赖克海德和萨瑟的理论，一个公司如果将其客户流失率降低 5%，其利润就能增加 25%～85%。

每增加一个满意的客户就是为企业增加一份无形的资产，做微商的一定要明白客户的重要性，我说过微商其实是社交电商，增加一个客户往往能增加许许多多潜在客户。

说心里话，每次见到客户的时候，我都会特别地小心和谦虚。他们今天恭维我、支持我，或者说看得起我，只是因为微商团今天做得还不错。如果没有了微商团，郭俊峰算什么呢？

微商团为什么会有今天？是我的伙伴们谨小慎微、认真前行的结果，如果因为今天的这点成绩而沾沾自喜的话，那我们离“死”也就不远了。在这个方面，我是非常清醒的！

每次对待客户都非常的谦恭，很多人都很好奇，为什么要这样？作秀吗？到了我这样的年龄，经历了起起伏伏之后，还会去玩那些手段吗？我自己是谁？别人为什么会给我合作的机会？我有自知之明！

常见问题 2：没有好产品，秀假货

很多人都说自己的产品才是最好的。互联网和线下实体店不同，大家的选择范围更广、机会更多，大家见到好产品的几率也更高。

所以，不要拿一些“见光死”的产品出来混互联网。一旦产品有一点问题，那么你在互联网上的所有付出就会毁于一旦。这一点或许和线下真的不一样，切勿心存侥幸！

互联网对于好产品的追求高于一切！如今的消费者对价格已经不再敏感，品质、个性化、情感诉求才是他们的追求。图便宜的话，大家早去淘宝购物了。

关于微商产品的问题，我不想说太多。优胜劣汰这个生存规律在微商领域同样适用。希望国家尽快出台相关的市场监管措施，同时，行业从业者也要用一个正确的心态来面对微商产品，争取用真正的好产品去做微商。

从被曝光的情况来说，我个人觉得是好事，让那些无良的商家尽快被市场净化掉，没有好产品的微商都是“耍流氓”。

不只是化妆品，你再去看看那些做食品的品牌，有些做食品的竟然把食品进行“裸露包装”，还有些食品品牌连基本的 QS 认证都没有……

第四章　生存期：做微商就得选好产品

1. 你必须知道的面膜故事

好产品才是王道

近两年来，微商发展势如破竹，甚至可以用“疯狂”来形容，带动众多品牌投入其中，这样红火的格局怎能让传统企业不跟着“狂欢”。

第一，微商充分发挥了智能手机和无线网络的优势，足不出户，就可以把生意扩大到全国的范围。

第二，微商的入门门槛比较低。生意的本质就是买货卖货，没有微商之前，做买卖的成本是很高的，传统的实体店模式需要租店面、装修等成本，而网店也需要一系列烦琐的资格认证手续和巨额的推广费用。

微商的低门槛不仅仅体现钱的门槛，其参与的门槛也是比较低的。只需要在手机安装微信、QQ 这类社交软件，就可以开启微商之旅，很多全职妈妈就是这么做微商的。大量的人会涌进来做微商，但商业的本质不能变，那就是产品为王。

粉丝效应、个人品牌等充斥互联网，让不少商家迷失方向，但经过喧嚣之后，无论商业模式如何变化，产品价值依然是制胜法宝，没有好产品做基础，要么靠忽悠，要么昙花一现。

微商行业与线下零售、电商平台最大区别点就在于其更接近消费者（潜在消费者），利用社交软件所建立的强关系实现信息的传递。传统商家既要面临成本压力，又要直面电商平台竞争，因此微商模式让传统企业看到另一片天地，可以弥补传统商业模式的一些不足，拉动传统企业扩大市场份额。

传统商家来了，微商靠忽悠的时代过去了，好产品才是王道！

面膜微商

现在我们聊聊面膜的那些事。正是因为面膜这个不起眼的商品，竟然开创了中国微商的江湖。一个小小的面膜造就了一个全新的商业模式，带动了无数人走在了创业的道路上……

为什么微商当中一开始火起来的是面膜、化妆品？因为参与到微商当中的那群人很多是年轻的女人。关于外在美，这群人有着天然的敏感。这个人群成为微商的主力军也就不难理解了，他们不但是买家，更是卖家，再加上今天的社交工具这么先进，这样的江湖也就形成了。

面膜创造的新模式让微商从无到有，而后来的微商又为什么是大健康类的产品？因为这些产品的目标顾客群还是同一类人。只是之前的化妆品被“炒烂”了，换个噱头，开始做“内在”的产品。

如果你想做面膜，你的产品能够给客户解决哪些问题？祛痘？补水？美白？赚钱？自信？开心？搞明白这个问题，再去找客户，哪怕只找到了一个人，说服那个人购买你的产品。那个人买了你的产品之后，确实认为你的产品不错，人家就会继续购买。甚至，客户会把你的产品推荐给朋友们，产品又到了客户的朋友那里，人家也认可，然后就会继续推荐下去……这才是真正的卖货。

接下来，肯定会有人问，未来的微商会是如何的状况？说实话，我不好妄加判断，但我知道两件事：第一，这群全职妈妈的老公们要进来，第二，人人参与的时代也会随之而来。从这个角度来看，你觉得这群男人需要什么样的产品呢？

其实很多时候，都是我们没有去认真观察和思考。任何事物的发展都有其规律，一旦“认真”起来，就有机会抓到一些“蛛丝马迹”，最终为自己创造价值。

何去何从

面膜产品曾让微商成为全民瞩目的商业新焦点，如果从产品角度来看面膜，瞬间对面膜有一种肃然起敬的感觉。中国所有的微商从业者都应该感激面膜产品，如果没有它，你哪里能够如此轻松地创业呢？是面膜产品放大了你碎片时间的价值。

但在微商江湖中，饱受诟病的也是面膜微商。当微商火起来的时候，卖面膜可以赚钱，全国各路人马蜂拥而至。随便一个人就能自创一个品牌，到中国香港拿个所谓的商标，然后广州就去白云区找工厂代工，边设计边招商……那个场面，好不热闹！也正是如此，无数濒临倒闭的化妆品厂家竟然奇迹般地火起来了，很多厂家已经排产到几个月之后。

大家都是想把产品做好，这一点是毫无疑问的，但“能力有限”是个硬伤。举个例子，哪一个父母都想把孩子培养好，但很多做父母的人其实连自己都不能“管好”。

小小面膜如何造就与众不同的商业模式？微商江湖中，这两年出来的化妆品品牌应该不低于5000个，而所有新生品牌清一色地使用层层代理的方式来操作项目。

一方面是趋势始然，大家都这么干，“顺水行舟”就好了，

而且大部分都能取得不错的业绩。另一方面市场乱象丛生。很多人在什么都不了解的情况下就交钱做代理，甚至连产品都没有见到。这些人中，大部分是梦想派，梦想着一夜暴富。

朋友圈里面玩一个游戏，大致意思是这样的：你给我五元钱，我告诉你赚十元钱的秘诀，无效退款。于是，有人就真的去试，给钱之后对方说，上面这句话发到你的朋友圈里，自然有人给你五元钱，你搞定两个人就是十元……

很多微商其实也是这样玩的，成为代理要进群，进群之前就要交钱。交钱进群之后，里面教大家的都是如何截图？如何骗取新人交钱进群之类的“发财绝活”……

即便是这样，那些进群的人不但不举报、不质疑、不反对，反而还很开心地学习。微商“烂”到了如此程度吗？非也！这些只是一部分品牌和团队而已，不代表所有。事到如今，微商到底还能不能做？面膜微商还能不能做？

微商只是一种新的方式，目前刚刚开始而已，至于卖什么产品？卖得好不好？会有两个因素来影响结果：产品品质和卖货人的能力。所以，跟面膜无关，现在不是还有很多的面膜在卖吗？

微商是个好机会，大家都静下心来，虚心拥抱一下这个新生的商业模式。先了解，再尝试，然后才是改变。学习从模仿开始，进步从练习开始，成功从重复开始。谁发明的模式不重要，重要的是你能使用这个模式来发展自己的企业，这才是核心。

2. 客户喜欢你的产品吗？

选产品，卖好货，得好报

客户爱不爱你的产品，看你是否真的做好了一个产品、服务好了一拨人、带好了一个团队。样样略知的人不能养活自己，精通一样的人可以养家糊口。

那么让客户喜欢你的产品需要做两件事：第一，选好产品；第二，卖出去；如此才能得到好报，获得客户青睐。我们先不说产品本身好不好，单从看到产品的那一眼，你愿不愿意叫声好，或者有分享的冲动？传播，从包装就已经开始了。

常言道，丢弃掉传统的产品包装思路去做包装和设计。做化妆品的人，过去都是去包材市场找包装，为什么不去找一线的设计公司做一款足够性感的包装？包材市场上都是通用的包装，要做一个有格调的互联网品牌，或者是微商品牌，完全可以从第一印象开始。

从客户需求出发，做客户需要的产品才是对客户、对市场、对公司最认真的负责态度。很多创业者往往想做一款自己想要的产品而不是客户想要的产品。

微商更应该结合传统做销售、做团队的经验，踏踏实实地学习卖货技巧，认认真真地把好的产品通过更多的方式卖到那些有需求的人手上。你做的产品再怎么好，如果渠道不够，消费者接触不到，岂不可惜？

好产品，卖得好，这才是最接地气的微商，这才是微商的本质。只有把好的产品卖到了终端客户的手上才是真正健康的商业。“卖好货，好好卖货”的理念也是大家认可微商团最重要的理由。

诚然，微商目前还只是一个新生事物，整个生态中会存在种种问题，其成长和完善还需要一定的时间。但能不能真正成长起来，需要看微商这个生态能否经得起市场的考验。

只要用心观察就会明白，任何成功的产品一定是能够让客户满意的产品，或者客户无法选择的产品。在竞争这么惨烈的今天，你的产品一定会决定公司的“生死”。何谓“生老病死”？即生得要好，老得要慢，病得要晚，死得要快，而产品的好坏就决定了你公司的“生老病死”速度。

在互联网如此发达的今天，做一款让客户尖叫的产品好像并不难。你想知道的答案，99% 会在百度上搜索到；你想买的东西，99% 会在淘宝上买到；你所遇到的困难，99% 别人都已经有效地解决过。你要做的就是找到那个人，向人家学习就好了，复制 + 创新！

用户首先要喜欢你这个人

在微商团的商业化道路上，我没有为了商业目的“信口开河”，每一次做广告，我都会特别的谨慎和较真，因为我坚持做人做事的底线，这是客户认为我靠谱的第一条指标。

我一直坚信，让客户爱上产品的前提是先爱上我这个人。做一个让人喜欢的人，之后，大家才有机会发生深度的关系。不辜负客户对我的信任，这是我的底线，也是我的第一指标。

坚持底线的直接损失就是少赚很多钱，而且也得罪了很多人，特别是一些品牌商。不是我不懂“游戏规则”，只是不愿意为了眼前的小利益丧失我的底线。所以，我不会为了钱去做事情，也很少参与那些所谓的聚会、交流。

我自己从来不做实物产品，微商团就是我的产品，我也从来不和任何品牌商“串通”。单从这一点来讲，我做到了足够的客观。在整个微商江湖中，可能只有我一个人是这么干的，所以，网友和粉丝都愿意相信我。

第二指标，先舍后得。在过去的两年中，微商团做了很多期的精英课堂、文案团、帮扶会、高手营、微商大会、微商中国行……这些都是在主动地贡献价值。

第三指标，坚持推荐对的产品。好产品有很多，但适合微商

做的并不见得很多。再或者，有些产品或许不错，但做产品的人“有问题”。虽然，他们会给很多的钱，但最终还是没有合作。

在合作品牌的选择上，我比所有的人都小心。不管是因为产品质量的原因、运营制度的原因、管理体系的原因，还是操盘手的原因，任意环节的成功或失败，都会对我产生一定影响。

如果成功了，那一切都好说。如果失败了，我的损失是最大的，而且还会影响微商团后期的发展。所以，我比所有人更加谨慎。产品没问题之后，就是运营制度和团队管理的问题。这两个方面都是由微商团深度介入的，前期的一些培训工作微商团也会全程参与。

好产品是基因，但能够把产品操作起来的人不太多，而这一切恰恰是微商团的价值所在，也是东顺、麦中宝、跨界这些企业愿意合作微商团的前提。

微商是什么？是社交电商，只要把卖货的人服务好了，其他一切自然就会来。我做微阵之前做了一年多的微商团，而微商团在过去把重要的精力放在基层卖货人的身上。我愿意跟这些真正做产品的人一起聊聊，我能感觉出他们对于自己产品的追求。

微商无论怎么发展，要想做大，就必须有好产品做支撑才行。也只有这样，品牌商和卖货人才能赚到钱，顾客也能买到对的产品。让顾客成为品牌的宣传员，让好产品有一个好收获，这样的微商模式才是健康的。

说白了，商业的核心必须要回归到产品上来。

3. 选微商产品，不要怕贵

不怕贵，但怕废

前一段时间，听了著名财经作家吴晓波的演讲，有一个特别有意思的观点：物美价廉的时代已经结束了。吴晓波老师用了大量的事实证明这个观点。也就是说，老百姓在买东西的时候已经不再追逐所谓的性价比了，大家开始关注品质和品牌了。

一盒 8 片装的卫生巾，在欧美卖 50 欧元，问我贵不贵？贵，非常贵！即使我不知道卫生巾行业的行情，我也能感觉到这是一个不可思议的价格。

如果你在没有看到产品包装的时候，如果你在没有清楚品牌价值的时候，如果你在没有使用过产品的时候，和我的感受应该是一样的，会觉得产品非常贵。他们的样品就在我的办公室，每次拿给别人看的时候，大部分人都表示愿意尝试一次。

关于价格，顾客不怕贵，就怕产品不够好，但不怕贵也需要在一个相对合理的水平线。

第一，你的产品定价是否符合目标消费人群的心理预期？假设：顾客对于用面膜美容的心理预期是 3 元一次，而你的面膜定价是 100 元一次。那这样就很难让目标客户接受，或者是培育市场的成本太高、周期太长。

第二，你的经营成本，如生产、销售、广告、售后、场地、人员等成本是多少？需要高于你对利润的预期，同时还要满足消费者心理的预期，这才是合理的定价区间。

产品卖不好？因为不会卖！

在销售的过程中，很容易出现的情况就是，销售人员按照自己的意愿去假设客户的需求，自以为客户的需求是某个样子，按照自己的想象去做销售，最终却一无所获，更甚者会怀疑自己的产品。

产生这样的结果原因是什么？你没有搞清楚客户的需求是什么？你肯定会说，这不是开玩笑吗，难道我不懂客户想要什么吗……

最坚挺的店家：本店可以打架、打滚，但是不能打折。

客户要的是什么？优质的产品或服务是第一需求，其次才是低廉的价格。但很多网站的运营方却把价格当成客户的第一需求来经营，最后，大家会陷入价格的竞争中不能自拔。

最近比较火爆的外卖网站，天天都在搞补贴促销，而且火力不小。我去买过一次重庆小面，结果，面送到的时候已经坨在一起不能吃了。还有一次是米粉，也是同样的结果，所以，我很少去用这些外卖平台。

我的核心需求是产品好，其次是方便，最后才是价格。满足不了我的第一需求，后面所有的需求就显得毫无意义。

回到主题，很多的卖货人，也包括那些品牌商，他们会把包装做得很豪华、促销力度很大，但最终却没有卖好。为什么？忘记了根本——好产品！就如今天的微商一样，如果没有好的产品、好的制度，你再怎么会卖货又能如何呢？

再说一个案例，客户要入驻微阵的时候，客户肯定会问，你能帮我做什么？

第一，我们提供的是一个工具。微阵只是一个管理产品、团队和客户的工具，过去有很多的内容是需要手工完成的，今天有了微阵这个工具，我们可以让系统来完成了。效率提升了，准确性也提升了。

第二，微商团的经验让我们辅导过很多的品牌走向成功，我们有一整套做好微商的经验。比如，我们能够帮助品牌方去优化产品：产品包装的设计、价格的制定、产品调性的提升、价值的塑造和提升、卖点的提炼……

团队方面，我们会协助品牌方建立属于自己的微商团队，给大家提供运营团队的经验、方法、策略。这些经验和策略都是被验证过的，是能够立刻落地实操的，并且能够创造价值的经验。

微商团拥有的这些全面且专业的经验一定会比企业自己慢慢摸索好得多。专业的人做专业的事情，对于创业者而言最贵的成本是时间。

实践是检验真理的唯一标准。微商团在过去的一年中，辅导过 500 多个品牌，让很多的品牌取得了非凡的业绩。如果一个客户想做微商，我们不能保证客户一定会成功，但一定可以少走很多弯路。

4. 做产品，而非做生意

我把人分成三类：先知先觉、后知后觉、不知不觉。你属于哪一类？我是后者。不管是工作还是生活，我总是那种慢半拍的人。

每天那么多信息，我都没时间看，我只是关注微商卖货这一个点，精力都不见得够用，哪有心思去理会别的事情？所以，不看也罢。专注你所专业的，能做到这一点就够了。这也是我一贯的主张。

三级分销为什么发展不起来？根本原因也在这里，满足了大家不劳而获的心理。当所有的人都在想着不劳而获这件事情的时候，这个系统自然也就“瘫痪”了。因为没有“傻子”去无私地干活，所以，白日梦也就没办法做下去。

我不是那种聪明人，所以，我从来不去碰那些“新鲜玩意儿”，因为我不懂。我不能为那些新鲜玩意儿创造价值，即便是赚了钱，心里也不踏实。我觉得，踏踏实实地做工作才是幸福的。关于赚钱这个事儿，只要不损害别人的利益，都是可以接受的。

为什么我会静下心来做微商团呢？原因很简单，就是不想干“搬砖”的活儿。干一年要沉淀出来一年的价值，哪怕是干一天也要沉淀出来一天的价值。当你真想把某一件事情做好的时候，别的事情你也就没心思去关注了。这是我最近最深刻的感受！

做微商团的这一年多，我一直都在试图解决一个问题：把卖货这个事情做到最简单！只有简单的才是容易被复制的。不能被大量复制的经验都是不值钱的，因为那只能是少数聪明人才能干的事情。

你看看苹果的产品，全部都在遵循极简的设计理念。不管是老人还是小孩，拿到手就能玩起来。也只有这样，才会被大家接受和喜爱。很多人说，是苹果的营销做得好，才会有后来的火爆。但我觉得，好产品才是苹果的核心竞争力！

锦囊一：单品思维

从事微商这几年，关于产品方面，给我最大的感受就是“狼”来了！懂产品的“狼”来了。微商也好，其他商业模式也罢，要想长久，唯一重要的事情是：有好产品的人不可怕，懂产品的人才可怕，这两个完全是不一样的。

很多人都会觉得自己的产品是最好的，在这个方面我不反驳你，因为每个人的认知水平有限，所以对于好坏的理解也会不一样。

而那些懂产品的人了解产品的优缺点，又知道目标人群是谁？最关键的是，这些懂产品的人知道怎样用产品去撬动消费者。

如果这波人“杀”进微商江湖，个人微商品牌会“死”掉一大片。目前进来的也只是少数而已，因为大部分人还不愿意放下身段来玩微商。这是一个非常重要的细节。

趁这些懂产品的还没有进来之前，微商要做什么？

首先是单品思维。互联网是一个以点带面的领域，只要做好一个点，就会带动整个面。这一点和线下好像不太一样，线下需要丰富的产品线才能活下来。

所有成功的互联网企业，其一开始都是从某个细节做起来的。腾讯是从聊天开始的，阿里是从外贸开始的，百度是从搜索开始的，360是从杀毒开始的，小米是从一部手机开始的……微商团也是从精英课堂这个服务项目开始的。

锦囊二：极致思维

关于产品的第二个建议就是极致思维。中国传统的制造企业，有几个产品是极致的？但想在互联网上做生意，你就必须要做好产品。

你所看到的，所有成功的互联网品牌，他们的产品都会是目前市面上“最好用”的产品。古往今来，好产品一直以来都是企业的根基，只是互联网时代，对于产品的要求更高了而已。

如果没有一个好产品就不要玩互联网，会死得更快、死得很惨。有人会说，有些微商的产品也不是很好，为什么人家就可以卖？如果你是做企业的，你敢随随便便失败吗？

锦囊三：不患小而患不“精”

互联网上不怕产品小，最怕产品不够“精”。假设线下做一家面馆，那可能需要卖很多种面才行。因为顾客的口味不同，为了做好生意，就要尽量照顾到客户的每一种需求。只有做出来很多的品种，面馆才有机会活下来，因为面馆所辐射的人群是有限的。

但互联网不一样，哪怕你只做一款产品，只要产品够好，一样可以吸引到很多的买家、赚到很多的钱。很简单，因为线下和

线上获取客户逻辑是不一样的。

线下客户对于距离的要求会比较敏感，但网上是完全不一样的。线上你和所有客户的距离都是一样近的，所以，线上客户获取的成本基本一样。这一点，和线下不同。线下一个单品是很难支撑一个店面或者成就一桩生意，但线上是完全可以实现的。小米刚刚起步的时候不就是靠一款手机开始的？

但是我们看到线上对于产品的要求比线下更高。因为线上客户的选择面更广、选择的机会更多，这也是线下所做不到的。正是因为选择的广泛性，于是，对产品（或者是服务）的要求标准也就更高一些。

线下不好吃了，或许会跟周围的朋友们说一下，最多也就是不去而已。而线上的一条微博的简单吐槽或许就会使一个品牌倒下。

同样是做生意，线上更需要精品。产品线有多长？覆盖人群有多广？这些问题都次要，只要你的产品足够好，就一定能很快地聚集到足够的客户，甚至还会成为你的忠实客户。

微商也是一种线上的生意，想做好微商就必须要有一个好的产品作支撑。用好的产品来服务客户，让客户喜欢你的产品，最终去传播你的产品，进而会吸引到更多的支持者来消费你的产品。

我们用大卫博士的内裤做个例子，有人问大卫博士，你们有三角的吗？有其他颜色的吗？有女士的吗……最终你会发现，客户的需求是千奇百怪的，但如果大卫博士什么都要去做的时候，反而就不会有今天的成绩了。

大卫博士之所以能做这么好，就是做到了极致 + 单品。问题是，你做到了吗？没有做到就赶紧去行动吧。

客户那么多、世界那么大，只要把某一类客户服务好就足够了，也正是因为这样的理念，大卫博士才会在很短的时间里实现了销售爆发。单品原则或许不是大卫博士成功的核心理由，但会是他们成功的主要理由。

不管是做企业还是做产品，你要明白的是什么更重要。如果眼里面只有钱的时候，或许就是赚不到钱的时候。如果一心想做好自己、做好产品，反而会赚到更多的钱。

第五章 发展期：微商营销就是搞定人

1. 如何更好地卖货

承诺和信任

应该怎样处理与客户的关系？首先要找到什么是客户考虑的问题。要找到客户的抗拒点，翻翻聊天记录，做一个基本的判断：是价格？是信任？是产品？还是别的？

如果是价格，可以从产品质量下手，告诉客户，贵一定会有贵的道理。客户买的是对的产品，而不是便宜的产品，地摊上的化妆品足够便宜，但你一定不会去买，所以，你先来试试……售后承诺说给客户听，比如退款、退货之类保障。

如果是信任问题，问客户，如果你购买了，最大的损失是什么？不就是一百多元钱，你不会因为这一百多元钱而倾家荡产？甚至是生活走向绝路？如果不会，那就试试吧。

而我也不会因为“骗”一百多元钱而发家致富，如果你满意了，我能赚你更多的钱，对我来讲，骗一次还是骗一辈子？你帮我算算账。来吧，先从第一次开始，你应该会喜欢上我的产品……

对于客户的承诺，要勇敢地说出来。对于员工，尽量是多做少说。一旦说出来，就会变成一种承诺，背负着沉重的承诺前行，不是一件好事。再说，创业成功是个低概率的事情，如果因此失信于大家，又是何苦呢？做出来比说出来更重要一点。我今天敢于说出来对于同事的承诺，是因为过去无数的沉淀，再加上今天有足够的底气说这句话，要不然，我也不会轻易说出来的。

还有要提醒大家的就是不要把承诺当成一句口号。就像“卖好货、好好卖货”这七字诀一样，我把这七个字当成一种理念和使命，而很多人却把这句话当成口号或者是幌子，那样真的不好！

你愿意共享吗

你所遇到的99%的困难和问题，一定有人已经很好地解决过，而你需要做的就是找到那个人，向他学习就好了。比如卖货的问题，找到微商团就够了。只要你愿意去做，就一定能够找到

更多的方法和技巧来实现这样的目的。如果能够做到，就会节约出来很多的时间，把空出来的时间去做另外一件事情：带徒弟。

说服你的小伙伴，把你的经验和方法想办法复制给更多的人。别人要的是方法和技巧，你要的是训练别人成为卖货高手的经验，大家各取所需。如果抱着这样的目的，你还会把你的技巧藏起来吗？记住：越分享，越幸运！

在这个方面，孟孟的改变最大，她也是分享的受益者。在过去，孟孟说，自己从来都是把那些好的东西藏起来，包括好的卖货技巧、带团队的经验。自从2015年在深圳的微商达人秀上遇到了我，才打开了心结。今天孟孟的分享变得非常积极和主动。

不要怕别人学会之后跑了，代理不跟你，是因为你不能给别人提供想要的价值，否则，代理又怎么会跑呢？如果你能掌握一个训练小白成高手的系统，你还会担心他们跑吗？那个时候，你想要卖货高手，就去找一群小白培养一下就可以了。

如何做到？专业的人做专业的事情。要么你自己去学习，要么你把这样的事情交给专业人士去做。这个世界上最贵的成本是时间。

复制微商卖货高手，每天能做500元的业绩就足够了。为什么？如果每天500元的业绩，每个月可以赚5000元的利润，这个收入水平完全可以吸引到无数的人加盟你的团队，而且，500元的业绩是完全可以轻松地复制出来。

如果实现了每天500元的业绩，接下来就要做另外两个事情。第一，去尝试压缩做到500元业绩的时间。第二，把这样的能力复制给更多的人。

这就是我讲的“微商500元业绩理论”。做到了这个目标，就停下来。把时间分配给家人、健身、兴趣爱好上去吧。做微商是为了让生活变得更加美好，而不是被其绑架的。

2. 打造营销文案

如何成为文案高手

首先，我们讲如何下笔的事情。写文案遇到的第一个问题是什么？不知道如何下笔！这是很多新手开始写文章时最大的困惑。

如何来解决这个问题？“临摹”。就像练书法一样，先进行“临摹”。用手抄的方式，对优秀的文案进行“临摹”。比如那些大牌的文案、广告词都是值得去学习的。当然了，也可以去“临摹”别人的文章。每天“临摹”一篇，坚持21天。

我相信很多人会有足够的收获和心得。之后，你再去写的时候就不会那么困难了。有很多的读者会把我的文章打印出来，每一篇文章挨个看，看其中的规律、看写作的技巧，最后，把总结出来的经验写出来，然后自己再去慢慢练习。

第二个问题是写不好，如何把文案写得受欢迎？这也是很多人难以坚持下去的核心原因，写出来的东西既没有得到表扬（成就感），也没有得到现实的利益，于是，也就放弃了。

我的建议就是去改文案，改那些成功的文案。找到优秀的文案后，你可以按照自己的思路和风格去改一改。改完之后，首先，要让读者感觉这是你写的文章，其次，还要让读者喜欢看这个文章。这样的事情也要坚持21天，每天坚持改一篇文案。经过21天的时间，你会发现一些有趣的现象，你知道什么样的文字受欢迎？哪种文字会被传播？什么样的标题打开率高？

这是一种文字感觉，感觉这东西必须靠自己去悟，高手都不是培训出来的。搞懂这个之后，再下笔的时候就会做到有的放矢。白和黑之间或许只是一层窗户纸，捅破了，也就“豁然开朗”了。互联网上有一些文章是特别受欢迎的，但我很少去专门写那样的内容。一方面，公司有专门的人干这样的事情；另一方面，我不想把我的文字流于形式，或者是去逢迎他人。我想写我自己愿意写、喜欢写的东西。

我想要的是保持自我的个性，十年之后再来看这些文字，依然还会感觉到其中的味道，这是我的目标和追求，而不只是为了传播量。

但如果你是为了靠写文案“吃饭”，或者是为了做好微商、为了卖货而去写文案，那最好还是不要先追求个性，而是先去满足读者的需求。客户如果满意了你的文案，再去加入你自己的个性，这个顺序千万不要搞反。

成为一个靠文字吃饭的人到底难不难？我本人在上学的时候，语文每次都是排名倒数，作文从来就没有及格过，写文章对我来说简直是一件要命的事情。但今天，我竟然也可以通过写文章获得大量的客户和粉丝。除了做到以上两点以外，还有下面这个第三点。

第三个问题是写什么？内容准备的顺序应该是：自己经历过的、自己朋友经历过的、自己看到的、听说的。这里需要提醒你的是，一定要多读书。读书是知识储备最有效的途径，通过读书还会发现很多的写作技巧。把你经历过的事情或者是看到、听到的事情写出来，你才能保证自己会有持续的内容。否则，写不了多久，你就会发现没有东西可写了。

很多人会说坚持是一件困难的事情，确实是。每次遇到小困难，稍微扛一扛就过去了。但坚持累积一年、两年之后，就会觉得已经在不经意中收获了许多。

谈谈我的文案写作

写长文章的最大原则就是真实！把你要表达的主题先确定下来，然后准备开头、中间、结尾。

我每天的文章都是以一首歌开始的（之前坚持过一段时间，

后来就停了），然后讲讲我遇到的一些事儿，之后才是进入主题。结尾的部分是呼吁大家来做某些事情。很多微商人写营销型的文案，最大的败笔就在于最后。前面各方面都很好，到了最后需要你“做广告”的时候，却望而却步。

记住，读者是不会反对你赚钱的，你多赚点他们甚至会更高兴。但前提是，你要告诉大家。很多写文案的人喜欢把赚钱的目的隐藏起来。我告诉你，没必要！大胆地说出来就好。

成为文案达人还要做到的是坚持。前面的准备做好之后，最应该做好的事情就是坚持。学习从模仿开始，进步从练习开始，成功从重复开始。请你把这三句话重复读三遍！每天的坚持就是在做练习，同时也是在培养和读者的感情。坚持下来，半年的时间，你就会发现文字的力量到底会有多大了。

很多人都想通过一篇文章就要成交多少客户，可能吗？任何事情都需要一个过程，成为文案高手也是如此。

问你一个问题，小时候有没有遇上这样的事情：大人给你一些好吃的食物，你会把品相最差的先吃了，把好的都留着。为什么？觉得应该把最好的留在最后才对。后果呢？往往是放弃了，或者是被别人分食了，再或者是忘记了，东西也坏掉了……多么令人沮丧呀。

关于我写文章，很多人都会有疑惑，会不会先写好几篇放到手里，等哪天没有思路了，就用这些“补上”。或者是哪天没时间了，也可以用过去写好的文章“救场”。还有人会觉得，我有好思路的时候，会“攒着”，然后分开来写。这样，就能保证每天都会有好文章出来……

到底是怎样的？我写文章就像写日记一样，想到哪里就写哪里，有多少，就写多少，从来不会藏着、掖着，因为我怕过两天会忘记。因为每天都要写，有些时候，难免会有不太满意的内容出来。

每天都想办法写出更好的内容，每天都会要求自己拼一拼。如果你是一个微商，如果你能做到以上几点，我不能保证你成为文案达人，至少你可以通过文案去成交更多的微商客户。不要把写文案当成一种负担，用游戏的心态来写文案。

如果你发现某一篇文案非常受欢迎，一定要记得做一下推广。花钱让更多的目标客户看到，比如找大号转发之类，一定要做，这是很多人容易忽略的地方。再就是发现有好的文案的时候，一定要认真研究一下，汲取其中的价值。

文案标题的选择，一个优秀的文案能否被传播出去，最关键的因素之一就是标题。特别是对微信公众平台营销而言，更是如此。你去看看那些阅读量达到“10万+”的文案，都会有一个特别吸引人的标题。

根据你的客户群特征，多准备一些标题，然后找到不同的公众号做推广。如果某一篇文案的转化率够好，那就只推广那一篇文案，只不过你需要换不同的标题来推广而已。可以在同一个账号上，也可以在不同的账号上推广。因为每一个标题吸引到的人也是不一样的。

文章和标题都准备好了，接下来就是找大号的问题。找大号有两种途径：一种是找到类似微播易这样的广告平台，这类平台上有很多账号，博主的报价、联系方式、账号特点、粉丝数量、影响力指数等都有说明，通过平台方进行“勾搭”就好了。

另外一种方式是通过私人关系找大号。这样的人会有自己的圈子，只要你找到其中的一个人，就能找到圈子里的很多大号。

微信平台的文案营销

如何用公众平台做营销。有了文案内容，又找到了推广渠道，这个时候需要注意三件事：

第一，看看平台的数据是否真实？有很多平台的粉丝都是刷出来的，这种僵尸粉看起来很多，但没有实际意义。阅读量一般是粉丝数的10%就算是不错的公众平台了，但你要注意的是他们的文章阅读量是否稳定。主要是要翻翻他们过去的内容，看看流量是否稳定。如果流量是刷来的，那就没有意义了。

第二，优化文案。每一段、每一个节点，甚至是每一个字，都应该认真思考和优化。每天都要花很多钱做推广，如果是因为文案做得不够好，那就不划算了。所以，要想办法优化好文案的每一个细节。

第三，优化流程。在选文案、做标题、选平台、导流、转化这个过程中，想办法做到最好，每一个细节都应该站到客户的立场去考虑周全。

最后就是坚持，不要指望一篇文章就能做到如何，要坚持下来。经验都是钱买的，只有你不断地做，才会有最佳的经验。一旦掌握了这样的经验，就可以进行大量的复制。

很多时候，不是我们不努力，也不是因为我们不够聪明，大部分时候，都是因为我们没有做好细节，而最终没能成功。

文案写好以后，再去看看别人的文章，看看别人是如何描述同样观点的？表达技巧是靠练习得来的。我在写这些微商的系列文章之前，已经在互联网上写下超过 150 万文字。

文案开头推荐一首歌的做法，也是我的一个创新。现在大家都在模仿，说明这样的做法大家是喜欢的。你也可以尝试其他一些好玩的方式，多去看看别人的文章，多总结、多练习。

高手都是从“小白”开始的，我和你一样，都在不断地学习、练习。找到更多小伙伴一起探讨心得和经验，看看别人是从哪个点去写的？和你的有什么区别？有什么值得借鉴的地方？我

的读者也可以借助我的文章和这些微商话题，彼此之间进行深度地沟通，进而建立强关系。

3. 新老客户双管齐下

老客户是命根

今天和过去不一样了，过去你服务不好也没有关系，因为除了你和你的客户之外，很少有人知道你服务不好。但今天在这个人人自媒体的时代，你的“不好”会迅速地被更多的人知道，老客户更加在意你的服务质量。

同理，如果你确实“很好”，很多老客户也会表扬你，会帮你做广告，你的“好”也会迅速地被很多人知道，这也就是互联网下的口碑效应。

再说了，服务好老客户也是理所当然的事情，这是卖家应该做的分内之事。所以，应该做好老客户的服务工作。记住，不是你认为用心就算用心了，一定是客户觉得你用心，你才真的做到了用心。用心服务是前提，但必须要有这几个基础：有方法、有技巧、有策略、有态度地用心服务，否则你还是会输的。

在这个人人都是自媒体的时代，每一个卖家必须把转介绍这项工作放到战略级的高度来对待。我们常常说维护一个老客户的成本是开发一个新客户成本的1/7，这么高的投资回报率，我们为什么不做扎实一点呢？

我从来没有考虑过粉丝多少的问题，也从来不去和别人合作做互推的事情，因为客户转介绍来的客户就已经很多了，何必再去做别的事情呢？做企业的最大任务就是实现客户价值最大化，但大部分人都在实现利润最大化。方向不同，最终的结果也会不一样。

我们只要用心发现就会明白，任何成功的产品一定是能够让客户满意的产品，或者客户无法放弃的产品。在竞争这么惨烈的今天，你的产品优劣会直接决定着你的生死。

新客户是擎天柱

为何开发新客户？坚持找到100个相信你的人，用一年的时间来经营关系。当然，也不一定非要一年的时间，经营关系也要看个人悟性，或许你只要两三个月。

不要过分地相信那些所谓一夜暴富的神话，踏踏实实地做好自己比什么都重要。不想让一个人做微商，最好的办法就是鼓励他们去听课，到处去听课，一个月之后，那个人也就自动放弃微商了。

其次是要坚持学习，学习的主要目的是长见识。有了足够的知识和见识以后，才有机会做出真正的好产品，才能真正地服务

好你的新老客户和帮你卖货的小伙伴。用正确的思想，做出对的产品。否则，就只能活在“自以为很好”的个人世界不能自拔，那样就太可悲了。

把真诚交朋友分成真诚和交朋友两个部分。你很真诚，但你对朋友来说没有一点儿的价值，那么你不是在交朋友，而是在乞讨，是在等朋友的施舍。这样的关系也不能算朋友关系。

我提到“想办法让别人占你的便宜”，实际上这也是开发新客户的思维。原来别人占你便宜的时候你或许会不开心，如果反过来想，故意让别人占你的便宜，就会有另一番滋味。为什么要这样做？人性！想让客户对你好，你就要给客户利益。遇到很多做微商的，都想自己做品牌，咨询我的意见。我一般都会问他们，为什么要自己做品牌？回答往往是：赚更多的钱或是有成就感！我一般都会反对。

做产品不是那么容易的事情，你一个外行怎么搞？你的优势是带团队或者卖货，为什么非要做品牌？用自己的短处做事情，不是明智之举吧？假设你的团队有几千人、几万人，能不能赚到钱？有没有成就感？品牌商一定是看着你脸色做事的。做自己擅长的事情，而不是做喜欢的事情。

这是很多创业者难以走出的误区。交钱给品牌商代理他们的产品，交的其实是学费，用别人的产品做练习，等到条件成熟再做品牌也不迟。即便是成功了，我也不会鼓励你去做产品，去和懂产品的合作才是最好的选择。卖货难道不是一种合作吗？

锦囊1：多一份务实，少一些侥幸

在我看来，营销就在做两件事：加固信任和提醒购买！大家用尽所有的力量，都是在解决这两件事。只是加固信任有用吗？肯定有。但如果我不做提醒这个动作，两者的结果会有巨大的差异。

大部分的牛人都是凭着自己的悟性、勤奋付出，再加上合适的机会，最终成就自己。这些“成功”的条件中，大部分是不能被复制的。所以，他们也就难以复制出像他一样的人才。

从事微商的你，需要学习的应该是一个卖货的系统，第一步需要做什么？之后每一步需要怎么做？为什么要这样做？你都要明白，否则你也是没有办法进行规模化复制的。

所有的销售过程都是经过设计的，所有的销售结果都是控制出来的。卖得好和卖得不好，都是有原因的。在我看来，所有不能被复制的卖货能力都是不值钱的。

只是会背“口诀”而不去实践，那么你知道的只是你知道的，而不是你做到或得到的。重复地做练习，或许是这个世界上最枯燥的事情。大部分人做不到，所以，失败的人也就成为多数派。

有一朋友去看牙医，牙医解决了朋友长久的牙疼病。虽然花了一万元，但朋友还是千恩万谢地感谢那个牙医。几天后，朋友发现牙医给开的药片只要0.1元就能买到。于是，朋友大发雷霆，觉得那个牙医坑了自己……

知道自己要什么很重要！只要得到自己想要的，至于说对方得到了什么，跟你没有太大的关系。所有如此纠结的人，都是自找没趣。

锦囊2：客户虐我千百遍，我待客户如初恋

所有的营销其实都差不多，拼的都是意志力，或者说是死磕的能力。我一直坚信，微商是有未来的，而微商的未来一定是卖货。一路熬下来，好像看到了希望。

在营销的过程当中大家最需要的是什么东西？技巧和心态。技巧这个事情好解决，只要你愿意学习、勤于思考，大部分人都会找到大量的卖货技巧。

但是，技巧太多的时候反而没用，大家会过于依赖技巧，为了技巧而技巧。我们身边有很多这样的人存在，他们天天都在研究加粉技巧、招代理的技巧……但他们就是不能把货卖出去。

技巧没有好坏之分，用得最熟练的技巧就是最好的。再好的技巧，你不去用，也就失去了其自身的价值。再说心态，销售就是一个人与人沟通的数字游戏，每一次的卖货过程都是在训练并

提升你的沟通能力。无论你做什么事情，都是要用到沟通的能力，找到对的人跟你一起实现某个目标。

说白了，客户“虐”我千百遍，我自然也就被练出来了。不停地练习技巧，再加上好的心态，成交是一个必然的事情。卖货的能力将成为一种稀缺的微商资源。对于这些企业来说，2016 年也是洗牌的一年。能否活下去，就要看各自的本事了。加粉、卖代理、囤货的时代已经过去，微商开始进入真正卖货的时代。

最终拼的是什么？末梢的出货能力，这是任何一个品牌或团队都无法漠视的问题。接下来，谁拥有了这样的能力，谁就拥有了主动权。

今天，在阿里巴巴建立的平台上，天猫和淘宝的小二在干什么？他们这些人在带着卖家好好卖货！只是那些卖家和现在微商的体量不一样而已，但大家做的工作都是一样的。

锦囊 3：营销是可以控制的

在卖货的过程中，你必须要把这几个问题考虑清楚。每天的时间是怎么划分的？老客户多少时间？多少个老客户回访？回访什么内容？为什么要这样回访？新客户的开发要花多少时间？用什么样的途径进行？连续性如何保证？

如果想成为卖货高手，就不要给自己找任何的借口，没做好就去调整。要么焦点不在卖货上，要么就是技巧有问题。无论哪

种情况，都不是一个高手应该出现的状况。

在成交的过程中，一定要想办法控制成交的时间。客户的来源不同、性格不同、身份不同，那么跟客户沟通的方式也应该不同。

针对每一种客户，设计不同的沟通话术。最后你就会发现，客户的购买过程是可以控制的。一旦这个过程能够被控制，接下来的重点就是去优化这个过程。把成交的过程做到尽量的标准和简单，只有这样，才能方便你去复制这样的能力给更多的人。

整个成交的过程，尽量做到快一点。首先，你的成交过程够快，顾客会感觉你够专业，更容易信任你。

其次，快能够节约时间。无论是客户还是你自己，时间都是极其宝贵的。想办法在最短的时间内把客户的问题解决好才是对客户的负责，只是很少有销售人员会认识到这一点。客户找你不是为了聊“家长里短”的，是为了解决自己的“问题”。快速地帮助客户体验你的产品或服务，帮助客户解决他们的问题才是一个产品销售人员最应该做的事情。

最后，快能建立信心。客户看到你是如此的娴熟，客户会认为你所做的一切都是“理所当然”的事情。迅速而娴熟的动作，会让客户更加坚定自己的选择。快速成交也会建立卖货人的信心。当卖货人把精力集中在卖货这个点上的时候，也就不再去“胡思乱想”了。

当然还要向有结果的人学习，尽量争取到面对面的机会！你听一听、看一看和到现场一起坐下来聊聊是完全不一样的。

锦囊4：微商营销是找客户痛点

我想很多卖家都想让客户来晒图，然后再截屏来个买家秀什么的。但你有没有搞懂其中的思路？第一，让买家晒图的目的是为了收集这些晒图，而且是晒产品帮客户解决问题的图，便于以后其他客户再有相同的疑虑时，就把相关的图片传给对方。

第二，让客户晒图还有一个目的，客户的朋友们看到那些图片时会来询问，这样就可以很顺利地把客户转化成销售合伙人。

学习卖货技巧，一方面，是为了给自己和客户创造更大价值，另一方面，你每天卖货的过程其实就是一次又一次的练习，这种练习会让你最终明白如何卖货和为什么要这样卖货。

以减肥客户为例，卖货之前，要学会听而不是说。首先，做销售要学会倾听，给客户一个表达自我的机会。让客户尽情倾诉内心的感受，目的是为了增加客户和你沟通的成就感。

其次，引导客户发现痛点。听一听客户的痛点是什么？比如因为胖找不到对象，因为胖不能升职，因为胖没有朋友，因为胖

不够自信……要善于捕捉客户真实痛点是什么，然后才是对症下药。

再者，让客户讲一下过去解决该问题的经历，在那个过程中又有哪些痛点？得到“答案”之后，你要用自己的话来再次描述一下客户的痛苦，例如胖本身所带来的问题和减肥过程中的痛点。你再描述一遍的意义有两点，一方面，确认客户的痛点和你理解的痛点是否一致。只有大家的认知是一致的，才会有机会建立共同的话题和目标。也只有这样，才有继续沟通的可能性。另一方面，确认痛点的过程也是在放大那个痛点。让客户再次感受到痛苦，加强客户改变现状的决心，坚定其做出行动的信心。PS：让一个人动起来，只有两个条件，要么是鼓励他追求快乐，要么鼓励他逃离痛苦。

最后，说你的产品。你的产品能够解决客户哪个问题？如何证明你讲的是真的？让客户先买一些产品来体验？付款方式？用最少的时间把以上这几个问题解释清楚，否则你就不是一个卖货高手。

锦囊5：让客户感受到你的真诚

换个角度看待卖货，把每天卖货的过程当成一次又一次的沟通实验。忘记卖产品，你是在做一个有关沟通的数字游戏。换一种心情来对待这个事情，那样会显得更加轻松。

有很多人不愿意用技巧，觉得那样做太功利。从本质上讲，你使用了一些沟通的策略，把好产品更快地卖给有需求的客户。

你是在帮助客户早一点用到好产品，帮助客户更好、更快地解决自身的问题。

销售的过程，特别是在面对面销售的过程中，销售人员一定要注意使用眼睛认真观察，你一定会发现很多有价值的信息。所以，面对面沟通的时候，要学会用自己的眼睛注视顾客的眼睛。这样做是因为：

首先，眼睛是心灵的窗户，你可以从客户眼睛里发现他内心的变化，哪怕是很微妙的变化，也一定能够从眼睛里“读取”出来。客户感兴趣的时候，眼睛是会放大的，反之会收缩。当然了，你的真诚、热情也会通过你的眼睛传递给客户，让客户感受到你的真诚和热情，进而被你感染，方便你与客户快速地建立信任。

其次，你用眼睛注视客户的眼睛，他会很好奇，你为什么会这样看着他？这样，顾客的注意力就一直在你的身上，保证你们顺畅地进行沟通。

最后，你的眼睛注视顾客的眼睛会让客户有一丝丝的紧张感，而这种紧张的感觉会降低客户内心的优越感。这时候，你很容易掌握现场的主动权。

锦囊6：免费试用是个不错的策略

想使用这个免费试用策略必须满足几个条件：

第一，客户拿到免费的产品之后，就能感受到产品的卖点，对产品产生足够的兴趣。

第二，产品质量必须靠得住、经得起考验，只有这样才有机会实现复购和转介绍，而且是自动的。如果产品不够过硬，大量的免费赠送不但起不到任何的效果，反而还有可能带来负面的反馈。

第三，足够的利润空间，因为不是每一个收到产品的都能来复购或者是做销售合伙人。如果没有足够的利润空间，很容易出现“送不起”的情况。最后，就成为一个失败的策略。

如果能够把过程优化好，接下来就是复制的问题。带着你的团队一起去玩。只要大家能够赚到钱，客户又满意，皆大欢喜。公众平台引流这个事情好像已经火爆很久了，很多人因此赚到钱，而且赚到的还是“大钱”。很多人每天的广告费都是好几万，甚至更多，你就可以想象到他们的赚钱程度了。

赠品出去之后，会有大量的客户咨询你的产品，他们会问你产品如何？价格如何？等等。这个时候，你要有一个特别的准备，那就是沟通话术。你应该反问客户：你是给自己买的还是给别人买的？你买这个产品是为了解决什么问题的？这两个问题问完之后，再去做针对性的解释，就会起到事半功倍的效果了。

第六章 成熟期：通过品牌构建独特的核心竞争能力

1. 精耕细作的时代，好微商专挖一口井

品牌为何物？

什么是品牌？就是在消费者准备购买产品的时候，能在第一时间内想到你，你就是一个品牌。第一时间想到你的人数，决定了品牌的大小。

对于品牌商的服务，微商团已经做出来了一套标准的流程。只有做到了标准化，才有机会实现规模化复制。不要天天想着颠覆这个世界，90%的模仿+10%的创新才是最靠谱的。

我给很多品牌商都说，如果要做好微商，那就是先把卖货的问题解决好。不管是品牌方还是微商团队，先找到第一批种子卖

家。然后，微商团配合品牌商，协助其训练大家的卖货能力，把卖货的问题解决掉。

有了这些种子卖家之后，再去寻找合适的推广途径。那个时候，用金钱来换时间。做广告招人、加速度。但不要一开始就想着去找到最多的代理卖货，即便是人招来了，你自己能不能“消化”掉？

现在想快，给新浪和腾讯钱也很快，让他们帮品牌商做推广，特别是朋友圈的广告，花1000万元做个广告，可以影响几个亿的用户，这是最快也是最有效的方法。但现在还有很多的品牌商在想着“四两拨千斤”，很少有魄力去玩这样的游戏。

品牌是自己做出来的

有一次的高手营现场，大家进行卖货游戏比赛。孟孟想到了东顺的代言人马可，也就是《花千骨》中杀阡陌的扮演者。孟孟找到冠名方，要来一批马可的签名照，然后进入马可的粉丝群里，通过手里的签名照，换来了大量的购买。

我们从另外一个角度来考虑一下，高手营所有的人都是一样的资源，为什么只有孟孟想出那么多的技巧？孟孟有没有可能从马可的粉丝群转化一些徒弟出来？让大家跟着孟孟一起来卖偶像代言的产品呢？

很多时候，能不能成功不是因为别人，大部分时候，是因为我们自己。我经常说一句话：不是你不行，而是你自己认为你不行，所以你才不行。

我经常说，不要羡慕任何人，你看到的都是表面的。比如成功，我们能看到的全部是那些“活着”的。有多少的失败者“躺下”了？我们看不见，而且，谁愿意去看那些失败者？

有太多的人会去羡慕那些自媒体达人，羡慕他们的文字驾驭能力、影响力、收入。那些不出名的呢？熬了很久还是籍籍无名之辈？

无数的人看到微商团成功，但又有多少人看到我们过去的“九死一生”？过去每一次的死亡边缘都只能当成励志故事去讲了，但经历过“现场”的我会深知，那绝非是一些好玩的事情。

精耕细作的时代

微商下一步应该怎么做？想从微商品牌打造的方向来聊聊微商，希望对你有所启发。微商已经进入精耕细作的时代，专挖一口井的微商，才是好微商；好微商是有门槛的。

一开始，最为流行的微商模式就是代理模式，代理模式也会有很多的不同。最开始的模式是一个人交几十万甚至是上百万元成为代理，然后一层层地“撒下去”。最基层的那个代理也要上万元的门槛。

如果你是几百元的门槛呢？招代理的时候会不会更容易一些？对于一部分想做代理的人来说，几万元的门槛或许不是什么大问题。但对于大多数人来说，这是一个“有风险”的事情。

在 2014 年，微商团会员中，水记忆、青妆秀、大卫博士等这些品牌基本上采用的都是低门槛的策略。通过几百元的门槛先把人吸引过来，如果你的产品够好、模式够吸引人，那么结果自然不会差。

低门槛最大的好处就是给更多人试错的机会，让每一个想进入微商领域的创业者做到了有的放矢，降低了创业的风险。而这些人一旦认为是可以的，他们也会做更高级别的代理。在精耕细作的时代，仅仅花钱招代理肯定还是行得通，但招来代理之后能否让代理们跟着你的品牌长期走下去就是一个非常重要的问题了。不管是品牌商还是卖货人，你必须要做好深耕的工作。

拼代理不如拼专注

作为卖货的人，如果不能专注一个产品，至少要专注一个领域。要学会深耕你的产品、客户、市场，打造一个专业的自己。

微商一贯的运营思路是先招代理，然后再去卖货，而我的思路是先卖货，等把货卖好了再去招卖货的人。在不主动去招人的情况下，他们反而收获了很多的卖货人。关于大家出货的问题，也彻底解决掉了。

卖货才是微商的核心，如果不能解决卖货，不能保证货到终端客户手里，你永远都玩不转微商，最多也就是赚点代理费而已。同样都在招卖货人，但先后顺序换了一下，结果却是天壤之别。

再说说服务，很多人做微商都是一个人开始的。一开始一个人打拼，很努力、很勤奋，也赚到了钱。于是开始想着发展壮大的事情：扩大代理商的规模、自己做品牌、多元化发展……但很多团队做起来之后，团队的服务工作却没有跟得上。

在常来他们的团队超过 1000 人的时候，我给他们的建议是赶紧去招人，招更多的员工来服务这些卖货的人。原来的大部分工作都是他们夫妇两人做的，团队做大以后，以他们夫妇俩的精力服务这些人，已经是“鞭长莫及”了。所以要尽快招人去做服务工作，否则等你到 2000 人甚至更多人的时候，他们夫妇所能影响到的一定还是那么多而已，那么最终的结果就只能靠运气。在这个方面，常来也已经认识到了，尽快地推进了招聘的事情。现在，常来团队已经超过 5000 人。

很多团队崩盘、解散的原因就是如此，“后勤保障”跟不上团队的发展。那些不能被“照顾”到的人自然会出现这样那样的状况，最终蔓延至整个团队，直至崩盘。

我想很多人都把微商看简单了，表面看，只要有个产品，然后请明星、名人搞发布会，就会有一堆的人来做总代，来交钱，

再之后就是等着大家来补货……

是这样吗？这是2014年或者更早时候的微商现状，但今天已经不是这样了。野蛮生长的时期已经过去，未来一定是拼实力的时候，软硬实力都在发挥作用。

2. 背靠大品牌好乘凉？

微商给了人们一个低成本创业的机会，有史以来最低的成本、最大的可能性，希望每一个微商从业者，或者是即将进入微商领域的小伙伴们，我们都应该用一个谨慎的态度来面对机会。

真正的大品牌进入微商之后会有两个重要的目标：规范市场+卖货。大品牌需要的是品牌安全，这是和那些只想赚快钱的创业者不同的地方。宁可不做微商，也不能让微商这个渠道对现有品牌和渠道造成伤害，这是大品牌的底线。

毕竟对于大品牌来说，微商只能算是其中的一个渠道。捡了芝麻丢了西瓜的事情，大品牌是不会做的。没有这样的心态，也没办法成长为大品牌。

为什么在过去的两年里，微商的产品和模式会饱受诟病？说到底还是操作品牌的人没有底线。为什么可以不要底线？因为失败的成本太低。比如有人做一些激素面膜去玩微商，但像欧莱雅、百雀羚这些品牌会这么干吗？

再者是卖货给消费者将会成为品牌商的核心诉求。对于那些卖代理权、囤货这些做法，大品牌是不会做的。把货卖给最终的消费者，让消费者对产品有一个真实的感受和评价，这才是品牌商想要的结果。如果产品不好，他们有机会来做迭代。如果产品够好，他们有足够的机会做复购和动销。

特别是后者，也是品牌商最为自信的地方。所以，他们对于出货到终端的需求会更为迫切。哪怕是白送，他们都愿意，而这一切都是源于自己的实力。

3. 以什么样的思路做初期品牌

我是一个懂卖货的人，希望通过微商团的努力，让更多踏踏实实卖货的微商能够找到正确的卖货逻辑，让那些安心卖货的微商创业者能够卖好货、赚到钱。

中国有个成语叫众口铄金，当大家都在招代理、讲囤货、卖粉丝的时候，而你跟所有人都不一样，你在卖货，特别是你还没有足够大，既没有足够的影响力又没有赚到足够多的钱。你知道，那是怎样的纠结和无奈？

说到这里，我简单总结一下，微商这个新型的商业业态，从2013年初现端倪，到大规模的土豪进入。事实上，对于品牌商来说，2016年微商已经进入了“清场”的状态。

这个阶段，品牌商的进入门槛会越来越高，看看现在的淘宝，就能预估一下微商的未来。只是微商会比淘宝来得更快、更猛烈。接下来，微商卖货的能力和带团队的能力将会成为一种稀缺的资源。实际上，很多品牌都是卖出来的！

从卖代理权的时代进入卖产品的时代。每一个人都有机会与大品牌进行合作，借助大品牌的力量来改变自己的生活，甚至是命运。或者，打造出来一个很会卖货的品牌也是不错的。

微商的核心是卖货，谁能够规模化地解决微商卖货的问题谁就有机会成为最大的赢家。这是接触微商到现在，我个人对微商的判断，这也是微商团一直坚持“卖好货，好好卖货”的核心原因。

如果想做好品牌，坚持、分钱、聚人缺一不可！很多时候，分钱和聚人是相关联的。这个道理，不用我多说，都懂。集中时间和精力做一个品牌或一个项目都还不一定会成功，何况天天都去换？无论多么好的产品，从你看到、了解、熟悉，再到卖给顾客、卖给更多的顾客，这其中一定需要一系列的过程。

精通一样的人可以养家糊口，样样略知的人不能养活自己。微商团有一些会员，看起来非常普通，但你会从他们身上看到一些认真、坚持和“傻一点儿”的力量。在我看来，这种人的成功才是可以复制的，只要你耐得住寂寞，坚持下去，好好做自己，人人都是有机会创造“奇迹”的。

其次是分钱。作为品牌商，产品应该拿走多少利润给自己定下来，不能因为市场和销售的好坏来改变分钱标准，这叫控制欲望。为什么有些品牌越做越大？而有些品牌只是响一声就没音了？品牌做起来了，打造品牌的时候需要花钱，维护品牌的时候更需要花钱，而后者一定会比前者花钱更多。市场的费用是多少比例？广告的投入比例是多少？

市场和团队都是需要刺激的，谁分得到位谁就是赢家，这是一个赢家通吃的时代。把钱分给应该得到的人，人才能聚起来。我一般都会建议他们要多花钱到市场上来，这可不是一句玩笑话！

很多品牌商是不知道如何花钱的，这句话听起来好像很怪异。因为大家所处的角度不一样，心态和做法自然也就不一样。做品牌，千万不能想着省钱。

所有的成功，背后都会有一样的常识。你会看到，真正的成功都是那种比较“笨”的人。因为没有技巧，所以，他们会认真地执行那些看起来“效率不高”的笨方法。坚持下来，很快就会做出一个让人吃惊的结果。

聪明人把精力全都用在找方法上面去了，而忽视了执行的部分。聪明的人看那些“笨人”做事情，往往会当成笑话一样看，到了最后发现自己才是一个笑话。不管是微商团，还是别的地方，但凡是做得好的人都不是聪明人。

一个靠囤货做起来的微商会有什么样的核心竞争力？倒下是必然的，成功只是暂时的运气而已。如果微商不能把好产品、模式和卖货的问题解决掉，死也是必然的事情。所以，看到2015年上半年微商断崖式下滑，很多微商品牌和团队纷纷倒下，我一点也不吃惊。

还有一些微商品牌商赚到钱之后开始搞工厂，做产业链等。有钱之后就开始觉得自己无所不能了，开始到处投资、收购，热火朝天的局面看起来煞是喜人。其实，这个时候也是这些人走向衰败的开始。大家的优势是什么？做微商、带团队，而不是去做实体、做投资。因为自己赚到一点儿钱就觉得自己了不起，盲目的自信、膨胀的欲望会让一个人失去方向和重心。

放弃自己擅长的领域，去做一些自己不擅长的事情，失败也就成为必然。创业，要做自己擅长的事情！

4. 如何打造价值百万的品牌

曾经看到一句话：把生活过成剧本。好霸气的一句话，哪怕只是有这样的想法也很了不起。我发到空间里，就有小伙伴回复说：把微商当成最火爆的网游，通不了关就来找“郭司令”要秘籍……

生活本来就很美，只是很少有人愿意用美好的心态来对待生活。所以，我经常说起那四个字——自作自受。

2015 年我投资的新项目——微阵，一个帮助企业做社会化营销的平台。当时微阵只招募 30 名内测会员，这些人免费成为微阵的最高级别会员，也就是微阵会员中的合伙人级别。

在投下项目的当天晚上，公司内部群里说很多人报名。同事说："老大，肯定会超过 30 人的，你放心好了……"我说："如果超不过 300 人，大家就卷铺盖回家好了。"

但最终会不会通过我不知道，那是项目组的事情。过与不过都无所谓，但这是信任彼此最好的检验方式。如果没有通过也不要紧，下次还会有机会。微阵是实名邀请制的策略，时刻关注我的账号就能知道了。

物以类聚，人以群分。创业就需要志同道合的人在一起！创业十几年，经常会有人问我，挑选合伙人最重要的指标是什么？我每次都回答说，价值观一致很重要！

不管是雁传、全帅、素素，还是杨老师，大家在一起创业不需要强调工作的重要性，都是自觉自愿，而且，每一次都会考虑到客户的前面。

为什么会对"把生活过成剧本"这句话感触颇深？其实，创业的每一个步骤，都是经过我们自己设计的，包括办公室的设

计、大家的每一次聚会、各种庆功宴，我们都做了记录。

为什么？因为等到成功的那一天，我要用到这些东西。我们如此认真、努力地为客户着想，如此“淡定”地坚持客户利益最大化，又吸引到那么多人才的加盟……

微阵的技术合伙人来自腾讯和阿里巴巴，市场合伙人来自另外一家即将上市广告公司的副总裁，营销、财务、运营、公关等相关人员也会陆续到位。作为一个创业团队来说，绝对算得上高配了。

我相信，微阵品牌价值不止百万。微阵是一个连接品牌商、卖货人、消费者的平台，旨在帮助企业建立其社会化营销的社群，让品牌商带动更多的人一起来创业。我们欢迎更多有价值的品牌入驻微阵，也更欢迎想从事微商、互联网创业的小伙伴加盟这个平台。

2016 年到底有哪些机会可以去抓一抓呢？一个非常重要的机会我认为是人格品牌化。以人为核心的品牌时代即将到来。大家愿意支持我、购买我的推荐，是因为郭俊峰这三个字，如果没有这三个字，我卖的那些人和物几乎不会有人买单的。比如罗振宇卖书，比淘宝贵多了，但大家还是愿意在罗辑思维的公众号里买，这就是人格品牌的价值。

你的头像和网名就是你的品牌标志，如果你的观点够好、出现的频率够高，会有足够多人想要认识你。当大家想要找你的时候，一定会找到你。而你不停地刷屏联系方式，别人甚至看都不看一眼。做好你自己，你自己就是一个品牌。只要方向对了，什么时候都不晚。坚持在对的路上，最后即便是失败了，也不会留下什么遗憾的。

今天的网红其实就是一个非常好的人格化品牌。

锦囊1：品牌需要坚持的力量

一个品牌能坚持多久

前些年，淘宝上最火的品牌是什么样的？都是一些淘品牌。这些品牌非常善于做营销，产品都是代工的。当年的淘品牌几乎是淘宝系的主流。但你现在再看，谁是主流？

前段时间，一个朋友说某吸尘器品牌不行了。我本能的反应是，不会吧？那个品牌在当年的淘宝红极一时，公司老板是每一次淘宝大型品牌活动的重要嘉宾……

类似这样的淘品牌都成为“黄花菜”。为什么？说到底还是产品的问题。品牌绝非一蹴而就，需要坚持，需要适时转变思维。

所以，未来的微商江湖也是一样，一定是主流品牌来主导这

个市场，而这一切会比淘宝时代来得更快、更直接，因为时代变化的节奏也在变快。同样是1000亿的规模，淘宝用了多少年？微商用了多少年？时代变了。

本文就聊聊中小企业的生存和发展问题，希望我的观点能够对大家有一些启发或触动，特别给想做品牌的人看一看、想一想。

在中国，中小企业的寿命基本上就是3年左右。他们的创业过程是这样的：老板发现了一个机会，于是，自己带着家人、朋友，身先士卒，开始了创业之路，然后，就是发展壮大、扩充队伍。

创业之初，老板够拼、效率足够高，而所有同事的焦点都在发展上面。大家没有时间和精力去关注发展中存在的那些问题，比如业务逻辑、人员安排、财务制度、发展方向等方面是否合理，大家都不太关心。

随着企业的发展，大部分老板都会从“业务员”的角色转变成管理者，工作的内容也从“卖货郎”转变成“资源整合者”，企业的发展也到达了一定的瓶颈。这个时候，大家不再去关注发展速度了，过去的遗留问题就成为大家的新焦点。这个时候再去解决问题，就会显得非常的被动。

还有一个很现实的情况，名和利将会成为大家新的关注点。

企业处在一个高速发展期，都在向前看、忙发展。一旦速度降下来，大家就会关注眼下的得失问题。很多企业做起来以后，老板会变得极度自信起来，认为自己是万能的，最容易做的事情就是扩张！当一个人和团队不再坚持自己擅长的时候，这个企业最危险。

扩张的本质是什么？是创业者缺少安全感！害怕目前的事业万一不能长久下去怎么办？需要给自己留个后路。这是我过去犯过的错误，也是很多创业者最容易出现的问题。其实说到底，还是因为自己没有核心竞争力造成的。

很多的微商品牌为什么会不断地开发新产品？大部分品牌商并不知道自己为什么成功，一旦有问题出现，大部分人会怀疑自己的产品有问题。所以，他们不会把精力用在核心竞争力的打造上面，而是寄托到新产品上面。

而很多的微商代理也是一样的，为什么他们会不停地选产品？也是这个原因，不知道自己为什么成功。遇到困难就去换产品、换品牌商，而大多数时候，并不是产品的问题。

不管是企业主还是卖货人，你有做到坚持吗？如果不能坚持你的产品，至少要坚持一个领域，要学会深耕你的产品、客户、市场，打造一个专业的自己。同样是品牌商，你跟别人有什么不一样？所以，你需要在微商团和微阵找到一个品牌“发声”的通道出来，当然，你可以选择去其他圈子和媒体发声。否则，品牌

一定会被淹没在下面。

其他品牌也一样，也需要找到一个发声的通道。比如大卫博士，常来每次活动都会到，微商团的所有活动他都会把团队小伙伴喊过来。再看看麦中宝，经常去赞助微商团在全国各地的大会。

大家提到微商团的时候，不由自主地会提到那些卖货高手，还会提到大卫博士、麦中宝这些品牌。所以，你需要有自己的特点，而且还要让人愿意传播。如是，也就做到了最大的胜利。

耐心之树，结黄金之果

万幸，坚持“卖好货、好好卖货”的理念走到现在，说有多成功倒也谈不上，但越来越多的微商开始认识到卖货的重要性，合作的项目和规模也变得越来越大。经历了黎明的黑暗，微商团总算迎来了属于自己的曙光。

我的坚守有了结果，现在终于到了收获的季节，我很欣慰！回想一下你自己这三年的经历，收获还满意吗？

我能做好微商团不是因为能力，而是我恰恰符合这个群体的预期。我跟他们大部分人是一样的，有梦想，敢于坚持、专注、拼搏，但我有他们所没有的经历，还有做好事情的经验。特别是我的卖货、带团队的经验，这是我过去十几年的工作沉淀。今天遇上微商，对我来说，太幸运了。因为微商的核心就是卖货、带团队，而我已经在线下做了十几年。

说到这，再来看成功和失败，是不是跟运气有关？当机会来临的时候，你要有接住机会的实力才能真正地算是把握了机会，才算是运气好。

这是我的一些感悟，分享给你，希望对你有所帮助。微商肯定会火起来，如果你不做品牌、不生产产品，那你一定要做好两件事：训练自己的卖货的能力以及训练自己复制卖货高手的能力。

昨天有个朋友说，你现在这么好的资源，我们一起做点别的事儿吧？我说，我的目标只有一个，带着更多的人好好卖货，如果要做的事是为了达成这个目标，我会全力以赴地干，否则，任何其他的事情我都不会感兴趣。

作为一个创业者，我特别能够感受到专注的价值。互联网上，100 分的产品都不一定能够火起来，所以，一定必须要想办法做到 120 分。因为在互联网上，70 分等于 0 分！

我给高手营的小伙伴说，你自己好好卖货是为了学习卖货经验。你带着别人卖货、教人家如何去卖货也是在学习经验，学习复制人才的经验。其实这两种经验殊途同归，都是与人沟通的经验。我经常说，卖货就是一个关于沟通的数字游戏而已。

做好坚持和专注，然后团结好你的团队成员，不管你是销售合伙人还是团队老大，大家既然选择了在一起，就要学会相互关

心、支持、帮助和温暖。记住，你选择的品牌和团队是一个整体，大家是一个团队、一个集体，只有团队得到了发展，个体才会有发展的可能。

锦囊 2：学会放弃，拒绝诱惑

有些模式你最好放弃

微商，只是刚刚开始！未来，微商即将开启一个全新的模式：卖货模式。

你是你所想。有些微商已经在开发线下的市场，把自己的产品铺到实体店里面去，但遇上了一个问题，实体店要做事赊销。这确实是个问题，很多微商都不是专业销售出身，所以，在面对这些问题的时候，往往就显得手足无措。

很多人问我怎么办？首先你要补充一定量的销售知识，再者就是坚持卖货给实体店，而不是赊销的方式。坚持做对的事情，否则，坚持也失败！

再说一下那些大的代理们，进入微商就开始招代理。他们从来都没有卖过货，甚至从来就没有想过卖货的问题。一味地忽悠更多的人来做代理，把卖货的希望寄托到下一级代理身上。以此类推，谁会去关注卖货的问题？没有人关注卖货的问题，又怎么会有卖货的结果出现呢？即使有些团队个别人能够卖出去一些货，但这一切只是运气好而已。

那些能出货的人每个月卖出去的货和整个团队囤的货相比，显得那么微不足道。资金周转不开、保质期越来越近、压力越来越大，最后的必然结果就是崩盘！不会有别的奇迹出现。

无论是大代理还是品牌方，花了很长的时间去囤货。一批批、一层层地囤下去。品牌商和最上面的几层代理确实赚到了钱，但下面的人，每个月都在拿现金囤产品。几个月下来，当小代理们“难以为继”的时候就开始出现反弹。

对于大代理和品牌方来说，能压得住就压，压不住就算了。要么再做一个品牌，要么就彻底放弃掉。对于小代理，死得很惨，没办法。

你有随便放弃的资本吗？所以，有些模式你最好放弃。

因为利益，没有多少人能耐住寂寞好好做产品、好好卖货。所以，市场才是最公平的裁判。微商一定会发展起来，而能留下来的一定是那些用好产品去服务终端客户的人和品牌。

微商目前的尴尬局面如何破？卖好货、好好卖货是破解中国微商的一条途径。

因此我给很多微商人的建议都一样，跟着一个靠谱品牌坚持下去，用产品赢得客户的认可。跟着一个团队做下去，让大家集

中精力做对的事情，即好好卖货。跟着自己耐心地走下去，去掉所有的浮躁，认真做好自己。

诱惑是把杀猪刀

有些品牌商会和我说，你把高手营的卖货高手聚起来，卖我的产品吧。你知道每天会有多少的品牌商找我要这些高手？而且个个给的条件都还是非常诱惑人的。如果这些卖货高手天天都去换产品，谁还去卖货？如果不能卖货了，这些人也就不值钱了，最终，也就没人要了。

拒绝诱惑，因为大部分诱惑都是杀猪刀！

如果你是品牌商，你可以与微商团合作，我们来帮你培养卖货人的卖货能力，两个月左右的时间就够了。你看到的高手营的那些高手，也是这样走过来的。坚持好好卖货、拒绝诱惑！

很多时候，我们没有取得好结果的时候往往会抱怨顾客、抱怨产品、抱怨市场等，如果认真想想，大部分的原因都出在自己身上。太容易随波逐流，不管是做产品，还是做市场，都是这样的。看到什么火就去做什么，那肯定不科学。

假设你只是在认真地做产品，做一个好的产品出来。不管是零售方式如何变化，你都会是最大的赢家，只是因为你手里有好产品。

我经常说，不要羡慕任何人，你看到的都是表面的。我在写文章和创业的过程中，也会有无数的犹豫、纠结，但我知道自己要的是什么。每经历一次诱惑，我就更加坚定一次要服务好会员。每一次遇到困难，我也更坚定我的方向：服务好我的会员。

如果我把所有的精力都集中在这个点上，用时间去沉淀这一切。一年下来，三年下来，会是怎样的结果。所以，我们今天收获到的一切成绩都是理所当然的。不是我足够聪明，而是我懂得拒绝诱惑。

锦囊 3：让产品和消费者“在一起”

现在是创业的最好时代，而微商又是一个极低门槛的创业机会。我指的门槛低不是钱，而是创业的技能门槛。只要会发朋友圈，或者是发微博之类的，你就能通过社交媒体来卖产品。这样的门槛是不是足够低？

让我们一起努力，努力打造一个健康的微商生态链，把好的产品推荐给周围的朋友、亲人，让产品和消费者“在一起”。用更少的付出，感受到最好的产品或服务，大家一起做一个小而美的创业者。

最近，我看了客户的包装设计，给了他们一些建议，希望包装做得更加性感一些。让人一看到包装就能产生惊喜的感觉。作

为品牌方，在产品设计之初就要想办法去控制消费者的情绪。

先入为主，让客户拿到产品的一刹那就要有惊喜的情绪。先从包装上占领客户的心智，让客户有足够的好感。进而，在产品上延续这种超预期的感受，为产品加分。

你看，成交的过程是不是被设计出来的？记住，消费者购买的只是一种感觉。从包装上开始去创造那种氛围，一种让客户爱上产品的氛围。想办法让客户有立刻拍照、分享的冲动。分享其实就是一种广告的宣传，而且都是免费的。哪个品牌商不愿意让客户分享？但如果你没有做好让客户分享的准备，怎么会有出现分享的结果呢？

我给客户说，把包装的设计和投入当成广告费来看，就非常容易理解。如果每一个销售合伙人和客户都在分享你的产品，你会节约多少的广告成本？但我坚决反对过度包装！让包装更性感，但绝不是让包装变得复杂和臃肿。切记！切忌！

有人问了，什么样包装才好呢？能打动消费者内心的包装就是好包装。有时候，包装是打通产品和消费者的心灵桥梁。消费者感应到了，产品自然卖掉了！

第七章　扩张期：微商竞争，拼的也是团队

1. 找准布局和角色

让你的团队都有成就感

很多企业的员工在团队内部的时候会觉得非常幸福，自我的成就感会非常强。一旦出了那个环境，就会发现自己什么都不是。那种心情，是何其的复杂？

我的同事们2016年回家的时候，周围的人都在请教他们如何做微商。于是，大家都很尽情地过了一把当老师的瘾。他们说，很有成就感。

他们身边有太多人想要或正在做微商，很显然，同事们成为那些人心目中的“专家”。于是，这些原来或许不起眼的人，瞬

间成为真实朋友世界里的大神。这种感觉，不言而喻。

我鼓励我的同事能够走出去，到外面见识一下世界，甚至鼓励大家去别的微商圈子里学习，看看别人是怎么做圈子的。不但鼓励大家去长见识、学习，还鼓励大家去晒，不管是收入、职位、团队氛围……都可以和别人对比。只有这样的队伍，才能让团队成员经得起各种挑战。

团队成就感从何而来

成就感的两个核心支柱：物质和精神。作为团队老大，不但要协助你的伙伴实现这个目标，更要超越期望。还有一个重点：你带给大家的成就感要经得起时间的检验。

很多老板很会搞气氛，公司第一名发一朵小红花，在现场，第一名也会很开心，可当第一名拿着小红花回到出租屋的时候，就会有无限的失落感涌上心头。

再写下去，会伤害到很多老板的自尊心。很多人会说，我们现在没有钱，等有钱之后，我会如何如何……讲良心话，即便是有钱了，你会做吗？当然了，不做也没什么丢人的，人性使然。但如果你想做点大事，就要学会舍弃利益，还要学会分配利益。

连接越发达，就越需要真诚。今天的移动互联网时代，就是连接最发达的时代。如果你不能给大家更多的钱，可以让大家有更多的见识。鼓励他们走出去，让大家见识到真实的世界，而不是做一些只有你自己认为正确的事情。

目前的微商江湖需要的不是产品，而是卖产品的人。做一个会卖货的人一定比做品牌的人更吃香，这一点你一定要相信我。

找准定位

回到微商卖货这个点上，你对自己的未来做布局了吗？你能说服自己按照自己的布局走下去吗？磨刀不误砍柴工，先把这两个问题考虑清楚，之后，坚定地走下去就好了。

花半年的时间来学习、研究卖货的流程，每一步的每一句话都要做到字斟句酌，反复揣摩、反复练习。根据这些高手的成长过程来看，六个月的时间，对于绝大多数小白来说足够了。

卖货的问题解决了，接下来就是复制卖货能力的问题了，也就是带徒弟的事情。对你的徒弟要有所取舍，哪些人是值得你去培养的？找出来，认真带一带。对于那些不适合你去带的小伙伴，放弃掉吧。要学会做自己擅长的事情！提升你的效率，其实也是对你徒弟们的负责。

复制卖货能力这也是个技术活，不但需要学习，更需要你做出大量的练习。这个过程给自己半年的时间。用一年的时间做基础，再用一年的时间收获结果。两年下来，你一定能够感受到“逆袭”这两个字的价值！

我们做微商也好，创业也好，老板应该做什么？主管应该做什么？大家的职责是不一样的。所以，每个人在自己的角色中，尽量扮演好自己的角色，做一个称职的“演员”。

很多时候，我们会去羡慕别人的成功，其实没什么值得羡慕的。因为所有的成功都是应该的，都是理所当然的结果。有人会说运气好，好运气也是你有了足够的努力才能“撞”上的。在团队中，我的角色是微商团老大，那么，我的职责就是带着大家一起做好微商，一起奋斗。我每天坚持写文章、招募团队来服务大家、组织各种活动……所做的一切都是在努力做好自己的角色。

为什么那么多人喜欢我们？是因为我们对客户足够真诚，我们发自内心地尊重我们的客户。没有基本的真诚和尊重，缺少人与人之间最基本的人格尊重。这是很多品牌招不到销售合伙人的核心原因！不要说尊重了，有太多的人甚至会从内心深处看不起那些做微商的人。我自己也是从社会的底层走过来的，所以，我非常清楚那些基层卖货人的内心感受。他们真正想要的不是多少钱的问题，是别人的真诚和尊重。

品牌商和团队老大有很多，但能够发自内心尊重卖货人的太少。大多数人把这些人看成一个卖货的工具。为什么你没有卖货高手？其本源在自己身上，大多数品牌商都把自己打扮成“表演艺术家”，所以没有人愿意和你一起合作！

做人也好，做事也罢，都是一样的逻辑。每次提到微阵，我为什么都是那么的自信？不管是品牌商、团队老大、卖货的人，都会在这里得到比之前单打独斗的时候更多的利润和资源，但比过去付出的代价却小了很多。坚持做一件利人的事情，自己又顺道获得一定的好处，这样的事情是不存在逻辑问题的，能不能成功，拼的其实只是执行力。

“打虎亲兄弟”

我从来没有觉得我是老板，兄弟们在一起都喊我老大。所以，我也很信任这帮兄弟，相信兄弟们有能力、有意愿做好自己的项目。所有的信任都是相互的，你信任自己的兄弟，兄弟们也会信任你，这是装不出来的。

同时还要给大家提供足够的资源和支持，并且还要给大家足够的试错机会，让大家没有后顾之忧，只是安心做事就好了。我相信，每一个人都有机会创造属于他自己的奇迹。

再看高手营、文案团、帮扶会、服务团队、微阵、大客户服务部等这些项目的负责人，原来大家都是微商小白，今天他们却可以独立掌管一个项目，而且还能把项目干得有声有色。我特别想说，“打虎亲兄弟”这句话，我觉得跟大家在一起真的很幸福。团队成员之间没有斗争和猜忌，有的只是战胜困难的信念和一流的执行力。

2. 团队就这样招收人才

微商竞争，拼的也是人才

前一段时间，我跟几个朋友聊天时提到，用专业的销售团队来做微商，也就是招几百个销售团队，通过专业的销售培训师来训练队伍，然后，让这个团队来专职去招微商卖货的人，将会是怎样的状况？其实，微商团就是这样的模型，只不过，微商团卖的是服务。

很多微商招商其实并不专业，但每个月还能招到不少的卖货人。如果把这些人进行专业的训练，然后去规模化地招卖货人。用这样的方式做微商，会不会有点意思？

招到卖货人之后，让这些专业的销售人员去培训和带领他们卖货。一个销售人员管理 20～50 个人是完全没有问题的，这样的效果肯定比那些“业余”的微商好太多。通过专业的销售团队去管理销售合伙人团队，他们的卖货能力很快就可以被训练出来。这种垂直化管理，不管是价值观还是凝聚力的建设都是非常有效的，特别是卖货技巧的培训更为直接。

还有一种方式，直接把现有的员工转化成销售合伙人，把公司的场地免费提供给大家。让大家在一起有一个合适的交流场所，可以相互交流和鼓励。

很多城市的政府都会有免费的场地提供。比如微商团开封服务中心的佳人同学，准备在她们本地搞一个微商团的落地服务中心。当地政府给了她700平方米的房子，而且还有相关政策的补贴。如果大家想在当地做工作室，这样的方式也是可以借鉴的。全国各地都有类似的政策，需要大家去深入了解。

场地找到之后，再去找人，可以和一些职业技能培训机构、大学、相关政府部门的创业中心合作，找到人才的同时解决了就业问题，皆大欢喜！

成功一定有方法，失败一定有原因。

一个人靠脸，一个团队靠人才

如果只是靠自己单打独斗，那肯定不会有什么好“前途”，充其量也就是养活好自己而已。但如果把大家培养成能够带团队的人，那就不一样了。很多人都是在线下带团队多年的创业老兵，把你过去的经验教给那些卖货的人就够了。

最近看着很多的传统企业主开始进入微商，这是好事。销售、管理、带团队这些对于最新进入微商领域的传统企业主来说，肯定是没有问题的。微商和传统商业的区别是线上和线下的区别，本质还是一样的。

有企业老板问我，为什么会这么有信心？我说互联网只是个工具，你们在线下做得都已经那么成功，到了互联网上也不会差

的。只是两个环境下，思维方式有所不同而已。只要能适应，结果就会有保障。

我最近一直在做两件事：找人和找钱。下一步需要更大的发展，所以，需要牛人加入我们的团队才行。

原来创业老是去自己圈里找人，谁合适做当下的事情就喊谁来。但我现在不这样想了，现在会放眼全国、放眼整个行业，尽量找到行业里的牛人。我经常说，一个人的朋友圈就是那个人见识的天花板。人外有人！有很多的时候，对于我们来讲，那些看似巨大无比的困难或挑战，对于牛人来说，或许只是一句话的事情。很多人不成功不是因为大家的能力或资源不够，而是因为见识不足。

但这些牛人是非常难请到的，至少这些人中，大部分都已经实现财务自由了，而且目前的工作待遇都一定是非常不错的。我们去给这些人讲梦想，让这些人放弃现有的一切，跟我们一起去“赤膊”创业，会有相当的难度，但如果没有难度的人，也就不值得我们去挖了。

3. 我是这么带团队的

在过去带团队的时候，经常会有同事说，我们一辈子都不要分开，生死都会和老大在一起……那时候，觉得这些话多么美好。但现在我再也不相信这样的话了。你能给别人提供什么很重要，没有利益基础的关系又怎么可能会长久得了呢?

微商其实就是在卖货，所以，卖货能力应该是微商人最基础的能力，而且还要把货卖给真正的消费者。为什么要学会卖货?就是为了能带团队!

卖货能力是带好团队的根本，只有你的团队能拥有出货的能力，你才会赚到更多的钱，收获到更多的成就感。否则，只能天天招代理，把所有希望寄托在代理囤货上。

你有三个选择：首先，提升进入你团队的门槛，把那些能力一般的人全都拒绝掉，只留最优秀的人。让新人和全体老人进行PK，谁赢谁留下来。其次，把你的团队进行拆分，让那些做得好的独立出来。分一些人给他们，而你的团队又回归到小团队，这时候可以继续招人，慢慢培养。最后，介绍这些人给你的同行，我敢保证，所有的同行都会“爱”上你，认为你是一个愿意舍得利益的人。当然，利益的问题也一定是越舍越多，不过这一点需要足够的勇气。

这样做的目的就是为了不给自己留有后路。就如很多微商一样，自己都卖不好货，却要天天招代理，给代理讲如何卖货等，如果这样的人能成功，那只能说你是个“天才”。谁能“复制”出更多的卖货高手，谁才能拿到最优厚的奖励，因为他们拥有了很好的带团队能力。

第一，你要是一个能坚持原则的人。如果妥协，就是在变相地证明你过去的政策是有问题的。坚持你的原则，鼓励对的、打击错的，团队自然也就能做到，但前提是你的原则是对的、科学的。

第二，给大家卖货的方法。卖货不是一句口号，光喊喊可不行。只有自己经历过了，才知道每一个节点上会遇上什么状况，之后才有机会复制这样的经验给你的团队。

你可以不使用主动权，但你一定要掌握主动权。你自己必须会卖货，你还必须会把自己的卖货能力复制给你团队小伙伴，否则，得到的一切结果都是运气。不能被复制的运气是没有价值的。

给自己半年的时间，好好地练习卖货的能力。把卖货的能力变成你养家糊口的本领。如果做到，属于你的“牛气”也就有了。

4. 我的“262”团队建设方法

262原则

在团队建设方面，我一直在坚持一个原则，那就是262原则。把一个团队分成十份，前面20%的人是积极的、有结果的人，60%的人属于中间派，后面20%的人，态度和结果都非常差。这是任何一个团队都无法改变的模型。作为一个团队领导者，关注好前面的20%即可，给他们相应的政策支持，尽可能地让他们得到更多。

用前面这股积极的力量来影响并带动60%中间派，再用整个团队80%的力量来影响最后那20%消极的力量。这时候，就可以轻松盘活整个团队。很多带团队的老大往往会放不下，谁都想照顾到，到最后精疲力竭，又没有产生什么好的结果，什么都要管，反而什么也管不好。抓大放小，什么是“大”？积极又有业绩的人就是团队的“大”。

很多老大都存在感情用事的状况，就是去同情那些“弱者”。我指的“弱者”是那些跟着老大时间久的、一直都在强调苦劳大于功劳的、现在生活不容易的……这些都是“小”的部分，这样的人应该直接劝退。否则，对于那些做得好的人就是不公平的体现。只有优秀的人能得到更多“好处”，优秀的人自然会坚持做好，那些不够优秀的人看到榜样之后也会努力朝着那个方向去努力。同情弱者也是对优秀的人的不公平！

用262的原则带团队既轻松，效率又高。这样的策略不但适用于微商团队，也同样适用于传统企业的团队管理。

一个朋友的团队前一段时间出问题，就是因为没有抓好前面20%的人。特别是有一些团队的老大，对前面20%的人要求不够严格，甚至是纵容这些人。我自己的团队里面，要求最严格的往

往是那些牛人，对这些牛人的要求甚至有些苛刻。

如果这些人出现原则性问题，只有一条路：劝退！记住是出现原则性问题。如果只是业绩下滑、态度懈怠，这些都是可以理解和改变的，慢慢调整就好。

为什么今天又要说这些呢？早上打开微信，看到佳人同学给我发了几十条微信，也是说团队管理的问题。同时，佳人还提到了团队规模，我的建议是一个健康的微商团队人数应该是在 50 人之内，极限是 100 人。

超过了极限怎么办？拆分团队！这是唯一的选择。很多团队老大拼命地招收新人，焦点不在出货上面，大家都没有赚到钱又怎么会坚持下去呢？

团队老大去做两个指标：人均出货量和团队出货率！一个团队中前面那群 20% 的人如果不能取得足够的收入和成就感，那就不要谈什么发展和梦想。按照我这个指标，看看你的团队是不是健康的？如果不是，那就开始调整吧。

带团队首先要解决的问题是信心！别人跟着你做微商的理由是什么？能得到什么好处？你跟新人说文案、听课、坚持之类的技巧或信念为什么没有效果？因为新人心里没有具体概念，所以，内心就比较没底。而你告诉新人，你来手把手带他，这样的说法大家是有概念的，也是容易理解的，这样做，就容易达成一致了。

除了信念之外，另外一方面就是技巧的问题了。没有信心的原因是因为你自己没有弄清明白卖货是怎么回事，一旦明白卖货的逻辑之后，卖货的技巧自然也就迎刃而解了。带团队就是在给员工信心，教技巧其实也是在给信心。但只有信心还是不够的，一个销售团队的建设是一个系统工程，但很多人都想一蹴而就。这一点，一定要注意。

团队养成记

如果谁有一个有战斗力动卖货团队，那会是怎样的状况？偷着乐！不要说有十几个高手，哪怕是有一两个高手，队伍的卖货氛围就会非常的好，整个团队也会因此“火起来”。

怎么能拥有这些高手？

第一个途径是“花钱”，用足够的薪酬招收高手，提升自身的效率，这会是一个不错的途径。

第二个途径是自己培养，高手营里面的那些人也是我通过几个月的时间培养出来的。你花些时间来培养一批卖货高手是明智的选择，但前提是你愿意做，而且还要有能力做。

很多人都知道卖货的重要性，但很少有人能够解决这个问题。在大部分的微商团队里，或许也会有几个卖货的高手，但大部分的高手都不知道如何与客户成交，而高手营里面的这些高手，都是从微商小白被训练成高手的。大家的区别在于，清楚为什么会成交，为什么要这样做成交。

第三个途径就是让你的小伙伴或者是你自己来高手营，接受专业的训练。这个可能是最科学，对你来讲，也是最“安全”的选择。

很多人觉得我是在做培训，事实上，今天组织线上、线下的培训，也是没有办法的办法。你会看到，我们的很多课程都已经开始让会员来讲了。面对培训，我有一个特别清醒的认知，精力在哪里，结果就会在哪里。过于留恋“舞台”，哪还有时间和精力去经营企业。你能走上“舞台”是因为企业经营得够好，如果站在台上不下来，也就没有时间和精力来做企业了，最终是会被人赶下“舞台”的。

身教胜于言传

小伙伴问我，以前老是想着把代理教好，有什么好方法都要交给代理们，天天都待在一起，时时刻刻都在帮助他们解决问题……只是因为人家信任你。但最近一直都在关注好好卖货的事情，管大家的时间也少了一些，这样对不对？你自己卖好了，大家自然也就做好了，这就是负责。

其实很简单，团队老大做到身体力行即可。高手营有个学员醉春风，我让大家做那个 7 天卖货游戏的时候。客户说只要你能亲自送货，我就买你的产品。于是，这个醉春风和她老公坐高铁几百公里去送货……

为什么你的团队起不来？言传身教和身体力行不是带团队好的办法，但那是有效的办法。很多高手营的小伙伴都在说，原来管团队比管孩子都上心，生怕大家学不会、赚不到钱。如今自己在卖货，天天都能赚到钱，团队小伙伴也跟着争相效仿，反而赚到了钱。

在今天一片唱衰微商的声音之下，高手营的一些小伙伴已经不再去主动扩充团队了，但团队反而在不停地“变大”、整体出货量也在提升、赚到的钱也在增多。微商模式真的要走向衰败吗？但我看到的却是刚刚开始。

带团队的第一要素就是要会讲课。如果你细心留意，你会发现一个细节，但凡能做出成绩的微商团队老大，都是那种比较会讲课的人。很多人讲不好课的原因是没有找到讲课的逻辑，卖货那么难的事情都有规律，何况是台上演讲呢。我把演讲过程分成四个步骤：找到共同点引起兴趣；找到痛点，放大痛苦；给出解决方案；呼吁大家行动起来。

把逻辑框架做好了，接下来要学会去填充内容，最后就是多做练习。

我跟方伟说，去微阵上找一个合适的大掌柜，跟人家谈合作，让那个大掌柜来专职负责“天冰天酱”的项目而不是兼职做。充分授权，让人家负责你们这个项目在微阵上的全部工作，你们负责好供应链和吸引流量的工作。专业的人干专业的事，

让这个大掌柜什么都不用操心，只是用心地培养徒弟就好。半年下来，队伍的规模也就出来了。各取所长、各司其职。今天再看“天冰天酱”项目，每天至少会有几百单的销量出来。而这一切都只是刚刚开始而已，事情理顺了，接下来就是去踏实推进吧。

如此看来，成功好像很简单？事实上就是这样简单！不要拔苗助长，把该做的事情都做好了，最后的结果一定是你想要的。

5. 谈谈“微商工作室”

很多人问我“微商工作室”的事情，我觉得还是可以做的。首先，有一个办公的地方以后，虽然增加了一些投入和开支，但这样可以很好地把生活和工作区分开。很多人做微商，就在自己家里，甚至就在自己的卧室里进行，货也放到家里。

又要带孩子，又要照顾家里人，还要做业绩、沟通、发货等。你可以想象一下那是一个怎样的场面，很多人也是因为这样的状态而忽略了家人的感受，造成一些不必要的家庭矛盾，太不值得了。工作是工作，生活是生活。把两者区分清楚，工作的场合拒绝家人的进入，也不要把工作的内容带到家里去。这时候，你的身份感就会非常清晰而强烈，方便自己每个环境下做好应该的角色。

其次，工作室的定位，这里只是一个交流的地方，如果有客户或者小伙伴是本地的，可以邀请大家定期或不定期来你的工作室坐坐。这样对于信任的建立、归属感的打造都是非常有帮助的。

最担心的就是有些人把工作室当成一个卖货的地方，如果是那样就不好玩了。不管是卖货的人还是那些品牌商，为什么要在线上做微商？因为线下太难做了！而你的线上刚刚有起色，你就要开始做线下？是不是有点太冒险？有很多人会说，某品牌不就是这样干的吗？首先，开线下店也好，做工作室也罢，都是谁出的钱？如果是你出钱，品牌商巴不得每个代理都做一个线下实体店。

所以，集中精力做好自己擅长的事情比什么都重要。把线下工作室做成一个书吧或者是茶室就好了，比如把市面上所有关于电商的书都买回来，做一个电商主题的书吧等。轻松一些，而且还很有料，这样可以吸引更多的人持续地来到这里。

第三，做线下工作室还有一个好处就是信任背书。全国做微商的那么多，真正做工作室、把微商当成事业来干的人还是少数。

如果你有一个专门的工作室，不管是对于你的客户还是徒弟们来说，都是一个积极的信号。这会让大家看到你的决心和信心，这比你说很多的“花言巧语”要有用得多。毕竟线下实体店对于老百姓的影响还是和线上有着巨大差别的。所以说，线下实体店做信任背书倒是不错的选择，但如果当成一个卖货的通道那就不好玩了。

今天微商团起来了，引起了一部分人的反感，我能理解。我一贯的做法就是——“得了便宜不卖乖”。那些没有做起来的，

又没有落到便宜的，要允许别人“骂”两句。

时至今日，我想起了一句话：潮水退去，才知道谁在裸泳！

锦囊 1：人才培养的注意事项

首先，一个人的精力是有限的，如果你觉得自己的卖货能力够了，那就集中精力去培养团队成员好了。如果不够，那就好好修炼卖货能力。不用在卖货和培养团队这两个事情上纠结。

其次，拿出来专门的时间来统一解决团队成员的问题，不要一有人问就回答。这样的效率会很低，大家也容易养成遇事便问的坏习惯，而不去想办法。尽量鼓励他们自己先去找答案。

我给你说一个特别有意思的案例，微商团的内部员工走的是“教、传、帮、带”的师傅带徒弟制度，徒弟一般都是坐在师父的边上或对面，这样方便师父来观察和指导徒弟的工作。

但有时候，徒弟会抬头来一句，师父现在几点了？电脑、手机、手表、办公室墙上的大表都能看时间，但徒弟却去问师父。这不是徒弟不行，是师父没有“带好”。如果不能把带徒弟、复制人才的问题规划好，就永远也不可能做大。类似的情况，可以去问问高手营的小伙伴，一定会有人把这个问题解决得好好的。

锦囊2：招聘，你要远离的三种人

有三种人要远离，第一种是悲观的人。一个事情能不能做成功，更多的时候取决于干活那个人的态度，但悲观的人往往会把一些本来可以做好的事情给做砸。

比如2015年云云微信我说，来到微商团学了很多的东西，也认识了很多的朋友。马上中秋节了，想回馈一下微商团的小伙伴，手上有一些小礼品，只要给个邮费和地址就送给大家……

我觉得很好，于是就截图发出来给大家看看，结果评论里面一堆人在说这是在骗快递费等。不管是我还是云云，会做那种“鸡鸣狗盗”之事吗？

第二种是见不得别人好的人。有这么一类人，自己付出一些东西，然后也得到了自己想要的东西，但这些人却不愿意看到别人也得到同样的东西。

只要自己得到想要的就足够了，管别人那么多干吗呢？你得到了，说明你付出了努力，而别人如果能够得到，说明人家也付出了。但无论如何，都跟你没有太多的关系。

第三种是抱怨的人。这种人会把情绪传染给团队的其他同事，要及时发现处理！

世界这么大，好人、好事还有很多，多看看那些阳光的事情，远离这三种人，你的微商世界会变得更加明朗！

相信未来，相信朋友和兄弟，我当初直接关掉所有的公司，带着雁传、令丹、全帅他们就来上海了，你身边的人会决定你的价值！不管是成功还是失败，兄弟们从来没有说过后悔，更没有抱怨过。很多人说，你的人为什么会那么有凝聚力？我从来没有欺骗过大家！真心带着大家做点事，成功了，皆大欢喜，失败了大家都能学到很多东西。成败都不吃亏！

除了人才之外，再说说高手营的那些同学们。他们喊我师父（师傅），我当他们是我的徒弟。我要求徒弟也非常的严格，首先要求他们的心态。具有空杯和认真的态度，这一点很重要，我会从各个细节去观察他们，如果出现严重问题，我会马上开除。不管是过去还是现在，我都是这样的态度，因为我不会浪费时间和精力在那些“不对”的人身上。

其次是他们的企图心。把一件事情当成工作来对待、当成梦想来对待、当成人生的体验来对待，我想这三种心态一定会产生三种不同的结果。不同的心态就会产生不同的行动，也就会用不同的手段去实现，最终的结果也一定是天壤之别。所以，我希望我所带的任何人都要用行业第一的心态来工作，因为这也是我对待工作的态度。

再者是他们的结果。我愿意给他们方法，给他们机会，让他们不停地尝试。不管是成功还是失败，我希望他们能够对自己的结果负责到底。对于工作，我是一个要求极度苛刻的人。我主张，第一个阶段成为强者，第二个阶段成为王者，第三个阶段学会复制。一到两年的时间，打造一个“超级战士”够了。

我想，他们即使不能通过我的考核，至少能从我这里得到一些关于工作思路的启发。当然，如果他们能够通过我的考核，我相信他们一生都会感激自己当初做出的那个决定。第一届和第二届中国微商年度盛典的大会上，我把我的团队骨干喊上舞台，是因为我觉得他们值得我骄傲，这些人是我最有价值的财产，我为什么不把我最好的一面展示出来呢？

他们的能力或许不是最优秀的，但他们的工作态度是一流的。对工作的敬畏之心，我想没有几个团队能够比得上我这几个小伙伴，我有足够的信心来吹这个牛。

有人问我，你的人怕不怕被别人挖走？不怕！首先，这些小伙伴只有在我这个环境下才能发挥能动性。就如海底捞，为什么他的员工到别的地方就不行了？阿里巴巴做不好社交，腾讯做不好电商也是一样的道理，土壤和基因决定了这一切。

其次，挖人无非是帮助你卖货而已，如果是卖货，这些人自己创业多好？他们所见过的微商界的“大老板”还是蛮多的。如果要选择，他们会选择那些有足够实力，又足够认可他们的人。这些90后的小伙伴中，很多人比我有钱，家庭环境、人脉关系很

多都比我好。他们能够在微商团做事情，完全是因为自己想做。

最后，我的工作系统培养这样的人比较容易，复制一批他们这样的人对我来说就是几个月的时间而已。我从农村小孩一路走到今天，靠的就是这套系流方法。

锦囊3：经常性和多样性的培训

培训是最重要的吗

培训是提高团队凝聚力和生产力的独门秘籍。微商社群为什么一定需要培训？如果没有培训支撑，有多少个微商能够坚持自觉主动地去卖货？坚持天天做好这个事情？

销售其实是一件非常有挑战性的工作，每天要面对那么多的拒绝和挑战，很少有人能够坚持下来。这和能否赚到钱关系不大！赚钱也不能坚持下来？有点不可思议吧。这个方面，可能很多人难以理解，但这却是事实。

销售需要培训，需要经常性和多样性的培训。培训是为了训练共同关注点、建立大家的信心、给到大家更多更好的工作方法。不要说微商，哪个企业的团队不需要培训？从这个角度来看，微商团队还要不要做培训？

微商团队需要培训，但每一个团队的操盘人千万不能把培训这个事情给做偏了。培训是一把双刃剑，做好了，这是一个团队建设的好工具，否则，培训也会断送一个团队的命运。

卖货方法可复制，但思维难复制

假设10000人中只有5个人是卖货的，微阵平台要服务谁？我们的目标肯定还是卖货的人，哪怕只有5个人，这些人也还是我们的重点服务对象。

我们吸引10000个人和吸引5个人来平台，哪个更容易？当然是5个人。所以，我们首先要学会的是拒绝9995个不卖货的人，其次才是要学习过滤出真正愿意卖货的人。否则，我们就会成为一个没有价值的组织。

或许会有人说，这样会不会影响发展的速度？发展速度可以通过很多方面来解决。比如，做广告、做活动、做推广等手段来完成。但卖货的能力你如何实现？而这一切，正是目前很多平台最为尴尬的地方。

我坚信这不是方法技巧的问题，这一定是基因的问题。很多人说要模仿我，我一般都只是笑笑。16年的耳濡目染和身体力行，并不那么容易被轻易复制。

方法和技巧都能被复制，但这种卖货和带团队的思维是难以被复制的。当然了，我只是觉得自己的优势比别人领先半年。所以，我要舍命狂奔才能有机会安全地生存下来。

第八章 微商也需要抱团

1. 微商需要提携和抱团

哪些人才需要提携

学习，让跟着你的人能学到对的东西。为什么很多微商课程讲讲就消失了？那是因为他们都在乱讲，今天讲这个明天讲那个。而且，大部分人都只是在讲成功学。你再看看微商团在讲什么？所有的一切都只在关注一个点：卖货！目标简单了，行动起来也就容易了。

卖货的能力将成为一种稀缺的微商资源！俗话说得好，物以稀为贵。对于这些企业来说，2015 年也是洗牌的一年。能否活下去，就要看各自的本事了。加粉、卖代理、囤货的时代已经过去，微商已经开始进入真正卖货的时代。还是那句话：卖好货、赚到钱！

赚钱，让卖货人赚到钱。在利益的面前，所有的梦想都会显得极其脆弱。我想找到更多有梦想的平凡人，给他们方法，提携他们，给他们信心。我想让那些平凡的人走向另一个世界。

微商是个人创业最好的机会，如果再等五年，可能就是智能的时代。再加上更多的主流人群开始进入微商，到那个时候，个人的机会还有多大？至少不像现在这么容易吧？照顾好家庭的同时，所有的微商创业者一定要做到全力以赴。在我看来，这是一个最好的创业时代。

如果团队中有人特别纠结该怎么处理？要么快速改变他的价值观，要么快速放弃他。谁的时间都是宝贵的，你要学会过滤你身边的人。只有你具备了这样的态度，你才有机会挑选对的人一起前行。山不在高，有仙则灵。一头狮子率领的一群绵羊可以打败一头绵羊率领的一群狮子。但你必须要有狮子的信心和态度。记住，你是在创业，不是“过家家”。

微商给了这些平凡的人一次低成本创业的机会，更激起了无数人关于创业、关于梦想的期盼。我很骄傲那些一直跟着微商团走下去的小伙伴们，没有被外界那些卖代理权、囤货、刷粉、层层压货这些事情“毒害”，他们愿意跟着“卖好货、好好卖货”的理念走下去。

什么是提携？什么是抱团？帮助别人、成就别人的同时，顺便实现了自我的价值，实现了公司小伙伴的价值。微商团是一个

很值得我自己骄傲的产品，我感谢微商团好好卖货的理念，更感谢微商团选择了用心服务的策略。

现在很多的团队都已经“死了”，大部分的团队活跃人数不到总人数的10%。彼此不再相信对方，也不再相信未来。如果一个团队内人不能相互抱团，共同发展，那还不如把多余的人“踢掉”。

成功一定有方法！为什么很多的微商品牌会崩盘？团队会散掉？很多团队或者品牌商会把自己封闭起来，彼此间各自为战，缺少开放、合作的心态。微商团里面很多的品牌商经常聚在一起，定期交流经验、互通有无，大家在一起抱团前行。这样反而更加安全，也更加健康。

如果你真的用心做产品，你就会发现，成功其实是可以复制的。如何复制？帮助那些可以提携的人，将他们培养出来。既成就他，也成就你，团队的力量才是最大的。

微阵江湖抱团取暖

微商团用几十个人的团队来服务一个社群，这是一个出力却不一定讨好的选择。但我们依然坚定不移地做下去，为什么？只有将更多弱小的力量聚集在一起，让大家抱团前行，才会有机会创造出大的奇迹。否则，弱小的个体是很难有出头之日的。

微商团为什么会得到客户的认可？首先是客户的需求，有那么多的小伙伴在微商团得到了价值、改变了命运。虽然我们的方法很笨，但在没有找到不笨的方法之前，还是要坚持下去的。

我们用了两年的时间，做好了微商团，微商团孵化了一个估值过亿的项目——微阵。对于我们来说，这是一个非常了不起的事情。现在，微阵项目已经剥离出来了，剥离出来就是希望微商团能够继续创造新的奇迹。

最近我一直在想，微商团一路走来，一年一个样，而且每一次的成长和蜕变都是精彩的、美丽的，作为创业者，我特别愿意分享过去的经历，不管是成功的还是失败的。每天孜孜不倦的撰写文字，其实就是一种分享。我也希望通过我的分享，让更多的微商了解我们，加入这个微商的大家庭中，大家抱团，一起奋斗。

如果你觉得我的文章有价值，而你周围也有朋友需要这些文字，你就推荐这些文字给他们。如果看文字的人有收获了，这对你来说，也算是一种成功。你不但帮助了朋友，而且还让这些冷冰冰的文字实现了价值！为了鼓励和感谢你的行为，我会再把你推荐给更多的人。比如通过我的文章、我的书来推荐你的账号。这就是相互提携！实际上提携是举手之劳的事情，你帮我一把，我也帮你一把。

我们懂微商，更懂如何卖货、如何建设微商团队，而这些东西又是品牌商所欠缺的。服务品牌商的核心任务就是去帮助品牌商卖货，我对公司小伙伴的要求只有一个，那就是质量和销量的持续提升。因为，数字会说明一切。

为什么那些卖货的微商人会那么支持微商团？很简单，我们让他们赚到了钱，而且持续地、体面地赚到了钱。另外，微商团全国服务中心的工作重心需要进行微调。各地服务中心一开始的方向是服务品牌商，但大家对微商的理解、认知、能力都是不一样的，所以，没有办法保证服务的质量和结果。

品牌商的服务工作交给微商团来干，全国各地的服务中心去服务当地的微商卖货的人。因为大部分的服务中心都是高手营的卖货高手、带团队的高手，如果让大家的服务重心改成去服务卖货的人，这样恰到好处。

2. 帮助别人，就是帮助自己

传统企业与个人微商的联合

传统企业一开始进入任何一个全新的领域都会有一些不适应的，做微商也是如此。但传统企业不缺产品、不缺钱、不缺执行力，对新生事物的应变能力或许会差一些。他们需要时间，需要懂行的人帮助。很多微商看到传统企业想做微商，大多会说，你们“城里人真会玩”。

对于个人来说，微商是一次创业的机会。如果想要把握这次机会，首先需要我们做真正的好产品。否则，既不能长久，又对不起那些信任你的人。

第一，选择对的帮助对象。对于传统企业来讲，同样也是一种机会。所以，有卖货能力的人应该和那些有实力的传统企业结合。你去帮助传统企业来卖货，大家一起努力，贡献各种最擅长的那个部分，一起来创造奇迹。

第二，踏踏实实地认真卖货。那些能够带得了团队的人中，究其根本，还是因为他们自己能把货卖出去，能够通过卖货赚到钱。结果就是对过程最好的解释！这是唯一，不是之一！

但对于传统企业，他们不会轻易玩微商。他们是不会随便“乱来”的，因为他们犯不起错误，每个错误都可能改变企业的命运。

我想做的是，把微商打造得更健康一些，去帮助中小企业做转型。或许我们做的事情不一定会取得巨大成就，甚至会失败。但做总比不做好，如果我们做到了，这或许就会是一个巨大的商业机会。

作为企业方或者是团队老大，把人喊到一起很容易，只要花钱，人可能很快就会聚起来了，可如何让别人跟你一起走下去就不容易了。因为你没法帮助他们，他们自然也不愿帮你了，不会跟着你。

你的团队成员为什么不听你的？因为你自己都没有卖过货，

也不会卖货，你怎么教他们卖货。说白了，就是你没法帮他们创造更大的价值，别人当然会走。你自己都在天天换“上家”，你却告诉你的小伙伴不要轻易“换上家”，这是什么逻辑？

我设计微商团的核心原则只有一个：帮助参与者实现价值最大化！只有参与的人获得了价值，这件事情才会长久。只有长久了，你才会有更大的价值可以开发。正所谓，帮助别人，就是帮助自己。企业、团队、卖货的个人，每一个人都要想办法去合作到优势资源，用自己擅长的部分和别人合作。用一个付出的心态，和所有人交朋友。

用心服务成就自己

我的小伙伴通过这四个途径来服务微商团会员：

一是观察他们的账号和内容，发现问题及时提醒会员修改；二是及时帮卖产品和找资源的人进行对接；三是找到更多更接地气的微商干货分享给她们；四是鼓励会员，推动他们参与到我们的活动，比如精英课堂、文案团、高手营、中国微商大会等，让他们来学习，提升卖货的、赚钱的方法。

说实话，也只有我们这种有服务团队才能干得起这样的事情，这需要大量的时间和精力，特别是需要大量的服务人员来干活，而且刚开始一定是没有任何收益的。

还有就是，这需要每一个服务人员都有相应的价值观和心态，否则这是干不成的。服务人员如果只盯着钱、只盯着收益，服务体验一定不高，客户也一定能感知得到，这样的服务还不如不服务呢，因为会让客户有“做交易”而不是“做服务”的感觉。

最近很多人都在问我为什么会发展这么快？有什么经验分享一下？我每次都回答说——用心服务！但每次这样回答的时候，别人都觉得我在装……所以说，有时候做个老实人真难！

3. 微商抱团，也需要技巧

我们这样帮助微商抱团

很多人问我，为什么非要在全国做落地的服务中心呢？我给大家说几组数据：中国互联网电视最成功的企业是哪个？

乐视！但你知道他们每年出货多少台吗？据乐视官方的数据显示，2014 年是一百多万台；第二名的互联网电视是谁？小米电视！小米出货量是多少？三十多万台！传统的电视企业有很多，出货量最大的是谁？创维！全年出货量是多少？一千多万台！

都说互联网在颠覆线下的传统企业，从这组数据上看并非如此。为什么是这样？因为大宗商品，这个时期主力购买者还是会相信传统的大品牌。而且，传统企业对于市场的掌控能力还是目

前这些互联网品牌所无法企及的。

还有一个细节，雷军在加大“小米之家”在全国的开店速度和规模，这也证明线下实体店对于互联网品牌建设的重要性。

这就是微阵为什么一定要在全国各地建立服务中心的核心原因。因为微阵接下来要服务的都是那些传统企业，要帮助更多的传统企业抱团发展。由此看来，在当地建立一个服务中心就显得尤为重要了。无论是从战略上，还是从战术上，都是有必要的。

有很多时候，不是谁比谁聪明，所有成功的人都是那种对细节有足够洞察力和把握的人。同样是做微商，有些人选择了做产品，有些人选择了做品牌，而有些人选择了做服务。不但要建立全国的服务中心，微阵的内部还建立了品牌服务中心。我们懂微商，更懂如何卖货、如何建设微商团队，而这些东西又是品牌商所欠缺的。品牌服务中心的核心任务就是去帮助品牌商卖货，我们什么都不要，只要你们的卖货数字，你好了，我们自然就好了。

我们最近在做一个“文友沙龙”，把大家聚在一起读文章。首先，要让大家把每一篇文章的读后感写出来，然后更多的是让大家讨论。争取发现更多的价值，但最重要的是要发现其中的写作规律和表达技巧。

其次，通过文章找到更多价值观相近的人。一方面通过文友沙龙的临时群找到一些，另一方面通过微博、空间的互动也能找到一些。只有价值观一致了，大家才能默契地理解对方在说什么。

最后，训练大家独立思考的能力。每篇文章都是由一些小事开始，然后再展开观点或主张。我的观点不一定都是正确的，所以，你需要换位思考，如果是你，你会怎么做？你的做法和别人有什么区别？

抱团等你快快来

我们之前做百万微商帮扶计划，帮助微商抱团发展。现在我们换了一个名字，叫作“微商团帮扶会”。具体做法是从高手营和微阵会员中挑选那些真正的卖货高手，让这些高手去孵化更多的高手出来。

我们希望通过我们微商团，帮助和提携更多人个微商，帮助他们实现自己的梦想和价值。

此外，为什么我们只关注卖货？还是个人微商的卖货，而不是大团队的卖货？只关注卖货是因为我只懂得卖货，其他方面我不懂。再说，一个人也好，一个公司也罢，精力毕竟是有限的，把有限的精力聚焦在某一个点上，也符合正常的创业逻辑。我们过去一直注个人微商，是因为个人力量微弱，更需要抱团和相互帮助才能发展。而且个人微商总量大，对于服务的需求是明显

的、是旺盛的。量大、契合点又合适，这就是我们选择服务个人微商的原因。

微阵在关注谁？品牌商！但不管关注谁，我们都关注一件事情，那就是通过卖货的来复制创造更大的价值。帮助更多的人提高卖货能力，扩大微商人的圈子，这就是我们的微商抱团计划。

你的圈子决定你的价值

你的圈子被你的工作限制了吗？如果是，你要好好考虑一下未来了。不知道你有没有注意到一个细节，你的朋友圈或者是微博，翻来覆去好几年了，那里面的人取得成就、蓬勃发展的有。年复一年、丝毫未变，甚至越来越差的人却占大多数。我不知道多少人有这样的感受？

除了有太多的人要加入常来他们团队，常来还陆续接到澳洲、新加坡、马来西亚等地的网友消息，他们也想卖大卫博士。常来很好奇怎么会有国外的网友？经过沟通才发现，有些人是看到了媒体上对于第二届中国微商年度盛典的宣传报道而知道的，还有一部分人是看到了我的文章找到他们的。

这就是圈子，只不过是常来借助微商团、大会，还有我的文章扩大了自己的圈子。扪心自问，你自己有哪些圈子？

要和有结果的人工作

我原来经常说到宫禧的一件事。有人找宫禧想要加入她的团队时候，宫禧会告诉对方两点：第一，我要求很严格的，你能做到听话照做吗？第二，你能跟着我踏踏实实地学习半年以上吗？如果做不到这两点，你就不要来了，因为你不会有结果的，我不愿和没有结果的人一起工作。

只要卖货人能做到这两点，团队还能不好带吗？只要新来的人愿意按部就班、一步一步地实践卖货技巧，成绩很快就会出来。很多人做不好微商的原因不是输在了技巧，而是输在了急功近利的心态。

远离没有结果的人！中国有句老话儿，救急不救穷。一开始我不太能接受这句话，觉得太势力了。后来，我特别喜欢这句话。所有的结果，无论好坏都是自己自作自受。

那些没有结果的人，好几年都没有做成一件事，肯定是那个人自身出了问题。这些人往往不会从自身的方法、思维、格局、执行力等方面找原因，而是抱怨外在条件。还有一些没有结果的人，久而久之，也就开始认命了，或者是自怨自艾，而这样的人就更不值得去帮助了。没有结果的人给你的建议也没有多少价值，要么是负能量的。同样的时间成本，为什么不找那些有结果的一起工作？

有些人会说，有些事情是需要很久才能做出来结果的，这一点我承认，就像研发一枚原子弹，确实需要很多年，甚至是很多代人的努力才能完成的。但最后的结果也是期间无数的小成功累积起来的吧？关键是，很多人在中间都没有任何的小成功出来，最后又怎么会出现大成功呢？

4. 我们为什么坚持做微商团

微商团是一个学习的社群

目前微商团最火爆的项目是什么？帮扶会！这是一个 21 天帮助微商学会卖货的自组织，我们为什么需要这个帮扶会？我的回答有三点：

第一，市场有需求，不管是品牌商、团队老大、基层卖货的微商，大家对于真正的卖货技能有着极强的需求。既然有需求，微商团又有资源，为什么不做？

希望大家都能参与进来，来学习，或者来看看。除了学习那些牛人的卖货技能、带团队的技巧，更重要的是来看看微商团是如何做社群的。

当然了，我们还有另外一个目的，就是带着大家一起去远离所有“耍流氓”的微商，远离“卖代理权”的微商、远离“拉人头”的微商、远离“囤货制”的微商、远离“多级分销式”的微商，带着大家一起来做一个把卖货给终端消费者的新微商。

第二，实现高手的价值最大化。微商团里面那些卖货的高手，大部分都是从基层小白历练出来的卖货高手。他们不但懂得卖货的技巧，更懂带团队的技巧。让会员来帮助会员，让高手来带动新人。既实现了高手们的价值最大化，又帮助了个人微商，双赢。

第三，这是一次自组织的实验。通过21天的时间，所有流程都是会员自己来做，大家既是老师，又是服务员，还是销售者。就连每次的课程主持人都由他们自己解决，每个班的班长，也是由兼职人员来做。

微商团只提供场地和必要的工具，让大家自由发挥。通过这样的实验，看看大家在社会化工具的帮助下，能否实现协同工作的可能性？能做到什么样的程度？

我和我的团队会积极推动此事，也会认真观察整个过程，争取能够梳理一套合适复制的经验。对于互联网下的组织变革，这样的经验无疑是非常宝贵的。如果你能成为老师，你不但帮助了别人，同时也为自己赢得足够的支持者。在双赢的基础上，你又在和微商团一起，进行一场关于互联网下自组织的探索和实验。

我们的目标是通过三年的时间，培训超过 100 万中国微商，让他们通过微商卖货实现养家糊口的目标，希望每一个平凡的人能成为自食其力的劳动者。在整个过程中，肯定会出现无数的收入在十万、百万，甚至是千万级的参与者。这会是一个理所当然的结果，但那不是微商团的目标。

当然了，我的坚持也未必是对的，但我会把这次实验当成一次经历来看待。我坚信，人生不是得到就是学到。如果成功了，或许会成为我个人公众平台的第二个流量入口。如果你是个好老师，这里有足够的流量，你能借助这个舞台，有机会实现大的突破。对于高手和老师来说，算不算一次机会？

而对于品牌商来说，目前中国微商的江湖中，微商团是唯一可以帮助品牌成长的地方。微商团不但为传统企业提供了一站式微商服务，还能让品牌商有机会接触到真正的卖货高手，对于品牌商来说，也是一个机会吧？

还有基层卖货的微商小白，你可以通过好好卖货，来反哺这个舞台，你也来做带班老师，把你的经验传递给更多的人。不管是个人成就感还是物质收益，都会是有意思的。别的微商不再晒车、晒房、晒钱的时候，我们来晒，让那些卖货的高手勇敢地把这些东西晒出来。我用微阵的卖货记录来帮大家做证明。

微商团是一个学习的社群，微阵是一个落地的平台，两者结合起来，挺好！接下来，可想象的空间会非常大。这群人虽然是卖家，但他们又是消费者。我觉得微阵平台肯定是千万级的用户规模，这是一个非常吓人的数字！

之前做事情，先把要做的事情往大了想、往大了说，然后再去做。现在的心态是，努力往大了做，但尽量往小了说。无论成功和失败，都能坦然地面对同事、家人、投资人。

微商团在贩卖梦想

创业，其实就是一个孵化梦想的过程而已！在路上，我们一路相伴。

很多企业和个人想通过互联网卖产品，最大的体会是生意不好做了，或者说没有之前赚钱了。如果还像之前那么顺利、那么暴利，谁会选择电商、微商？

有一做传统企业的朋友想开展线上的业务，问我如何开始？我给朋友两个建议，第一是去微博和微信找机会。从微博、微信上面能把东西卖出去，社交电商才是趋势。现在淘宝和京东的竞争已经十分激烈了，而且专业化程度太高，外行想进入太难。

去找找那些教人做微博、微信的老师，然后再去优米网上找到相关老师的视频，再去当当上把相关的书籍买回来。给自己半年的时间，弄明白这些东西之后，你的产品自然也就卖出去了。方法虽然有点笨，但会很靠谱。既然想把握趋势，那就从根上开始吧。

第二是来微商团，按部就班地学习，先看看别人是怎么做的？然后按照别人的方法尝试一下，看看能不能把东西卖出去？成功是有原因的，同样，失败也是有原因的。所以，一定要跟那些有结果的人一起工作，而我也是愿意推动这些有结果的传统企业成长。如果这些传统企业来到线上，也成功了，他们反过来也会推动微商团的成长，这才是真正的双赢！

这些传统企业进入微商之后，或多或少都要进行一些改变，以此来适应微商领域的发展。未来会有怎样改变我不知道，但我知道，微商会改变很多的行业。

微阵的最大价值在哪里

我们来谈谈微阵和其他平台的区别吧。大部分的微商平台在做两件事："卖工具"或"拉人头"。也就是说，太多人希望能够通过一个好工具来实现卖货的目的。能吗？非也！

再说"拉人头"，很多微商平台在开发布会时，场面声势浩大。过去，我会担心这些平台会不会和微阵形成竞争关系，现在看来，是杞人忧天。如今，所有的平台都在教你如何争取到更多的人参与，然后再通过同样的方法来赚钱，这其实就是在变相的传销。

如果一个平台不能从根本上解决动销的问题，会有前途吗？只是一味地拉人就能很好地实现动销？如果这个逻辑能够成立，腾讯会是中国最大的微商组织，因为在中国，腾讯的用户最多。

而微阵的目标是卖货，是培养更多的卖货高手，再让高手批量地复制高手。通过微阵这样的工具，能够让企业在建立社会化营销团队方面，以及在产品销售这个层面有一个全新的选择，而且是更高效、可控、可持续。

微商有两大核心工作：一是卖货。如果不能解决这个问题，那就不能从根本上做好微商。在卖货能力训练方面，高手营已经做好了证明。微阵就是要把高手营的训练内容标准化，然后进行规模化复制。

二是带团队。过去的微商团队都是松散型的团队。管理团队是所有团队老大和品牌商最头疼的事情。不去培养下面的代理，大家出不了货，最后谁也赚不了钱。你去培养他们，大部分时候的下场就是——教会徒弟饿死师傅。培养的徒弟越多，未来竞争对手就越多。总之，做不做都会有些许无奈。

还有，如果你不去带团队，你自己不可能卖一辈子的货吧？当然，你自己卖货再怎么厉害也干不过一个团队。为了更大的利益，你还必须要建团队。

而微阵正是要从根本上解决这两个问题：一方面，微商团的专职辅导老师会协助大家培训卖货技巧；另一方面，微阵会制定一个微商团队建设标准，帮助品牌商和团队老大去规范团队管理工作，最大限度地降低团队管理的精力和物质成本。

品牌商和团队老大，绝大部分的精力都消耗在防止团队流失的问题上。这不科学！他们最应该做的工作是带着大家去卖货。

微阵是怎么解决团队的问题呢？首先，微阵走的是师傅带徒弟、小团队快速裂变的策略。也就是说，你想上微阵，就必须要在微阵上找到一个师傅带着你做，或者是微阵上面的师傅来邀请你，同时也绑定了你们之间的关系。其次，价值观和方法的复制，把你的价值观和方法复制给你的徒弟，教会更多的人学会卖货，你一个人再怎么牛，也比不过一个团队。最后，微阵满足了所有人“做老大”的愿望，给大家提供一个公平、科学的通道。从本质上讲，满足了人性的底层需求。只要你有执行力，在微阵上就一定能打造出一个属于自己的团队。

附　录

附录 A　不要跟她比任性

我是七格格，传说中的“格格千千岁”，来自吉林长春，是一枚 80 后宝妈。2006 年开始上任腾讯星座论坛，任职水瓶座版主，中间停职两年生宝宝，于 2013 年应邀再次复职。我是腾讯水瓶座就任时间最长的一个，两次上任、两次“逆袭”，论坛人气一路攀升，无论“写手”还是“水手”都会栖息停留，因此，积累了信任度极高的朋友圈。

2014 年，应朋友邀请进入微商团，并且一发不可收拾。走在修行的路上做微商，幸会师傅郭俊峰，从此开始人生“逆袭”。

我在微商团屡次获得荣誉：

微商团第 11 季文案团状元；

微商团第九期实验室冠军队组长；

微商团高手营首批认证卖货高手；

微商团第七期高手营冠军队；

微阵项目内测种子；

“凰族天下”创始人。

感谢微商团广开方便之门，与我来说，微商团就是“娘家”！无论走到哪里，都有一份牵挂。因为我的成长和“逆袭”速度，是和微商团息息相关的。没有“家人”的支持，“格格”孤掌难鸣。

师傅的得意门生很多，数不胜数。我不是最给力的那个，也不是最努力的那个，更不是最有实力的那个，但是我是他认识的最“奇葩”的徒弟。

第七期高手营现场，他点名的时候说：“不知道自己这么没个性，是如何吸引到这么有个性的人！”我在现场笑得合不拢嘴，随后在朋友圈发了这条消息。我可以听懂他的每句话，包括他的知无不言，和他的欲言又止，即使不私聊他。

因为有他，我相信微阵可以走得更远！理由很简单，他做了一件自己擅长的事。作为他的爱徒之一，可以在新书中出现，三生有幸！我想说的，只有祝福。

总结：七格格是我见过的最“奇葩”、最有个性的徒弟，有着超强的个人卖货能力。虽然一直说她的经历很难被复制，但她的卖货方法可以被复制。她现在的收获都是之前的所有累积，才建立起来自己信任度极强的朋友圈带来的。不管她卖什么，我相信都会有一群人主动来买，她是践行先“卖人”、后“卖货”最成功的一个，去学学吧！七格格QQ/微信：423177771。

附录B　揭秘80后帅妈月入60万的微商创业之路

导语：做微商的人都知道，要想做大，必须要建设自己的团队，毕竟一个人的能力有限，但在建设团队之前，首先要提高自己的卖货能力，然后把这种能力复制给更多的人，让更多的人跟着你一起卖货，团队老大是一个团队的灵魂，团队能否做大，取决于团队老大。

帅妈，做了8年的销售员，生了孩子后就直接辞职做起了全职微商，8个月组建了500人的微商团队，月流水达60万元，她是如何做到的？看她自述。

时间过得真快，我做微商一年半了，自己是一步一步从零售做起来的，所以比较重视卖货能力。做微商前半年没有团队，我就一个人坚持做好零售，直到卖货能力驾轻就熟，每个月稳定在8万元左右，才开始去建立团队。

说起我自己的零售，有两个小故事记忆犹新。

一次聊到一个非常挑剔的客户，她说之前买过很多别家的内衣都不满意，我静静地听她发牢骚，慢慢挖掘她的顾虑，提前说出了她的担心，然后给了她一些建议。我们聊得很愉快，但可能是因为第一次聊，信任不够，所以她当时没有购买。我跟她说，买不买真的没有关系，认识就是一种缘分，有这方面问题还可以来找我，我可以给你提些建议。

结果当天晚饭的时候，她直接打款过来。三天后，她说内衣收到了，也试穿了，还给我发来了很长一段感谢的话。大概一周左右，她拉着公司 20 多个女同事，每个人买了一件我销售的内衣，后来我们就成为无话不谈的朋友。

那时候我意识到，把货卖给终端消费者，微商才真正有意义。无论是客户还是代理，都是冲着我这个人来的，真心真意地帮客户解决问题，是我们做微商最基本的职业道德，这也是现在那么多伙伴跟着我的原因。

还有一次是不久前刚做 M2 胸部护理产品。刚开始做的时候有一个卖货 PK 赛，比赛第一天，我跟师父立目标当天要完成 8000 元的销售额，12 点发朋友圈，到晚饭时间，一共 6 小时。那天有 6 个人咨询，我成交了 3 个顾客，1 个代理商，提前并超额完成了 8000 元的业绩，被我师父“郭司令”狠狠地表扬了一番。

大部分团队都是鼓励下面的人多拿货，而我却一直在强调零售。不会我可以教你，但一定要把零售能力扎扎实实地练出来。

说到教徒弟卖货，我团队里就有很多典型的例子。孟晴春节前找到我的时候，家里压了很多过去囤的其他品牌的产品，一个月一盒都卖不出去，之前的老大就会让她不断拿货，没教过任何卖货的方法。再加上她是教师，放不开手脚发朋友圈。

我帮她梳理了方法和心态，教她如何发朋友圈、如何展示产品、如何跟客户互动、客户说贵要怎么办、客户说考虑考虑要怎么办……就这样一点点帮她建立起信心。

过完年后，她就卖出去了 200 件内衣，还建立起了自己的小团队，变得自信开朗起来。现在，她把我教的方法一点点教给自己的代理，经常连夜做课件，主动到团队讲课分享自己的经验，成为我团队里优秀的小伙伴。

团队里这样从微商小白到卖货大咖的成功案例数不胜数，倒不是说我有多厉害，我只是觉得，微商就应该踏踏实实卖货，真正帮客户解决问题，我带着伙伴们做的是对的事，应当得到回报。

现在团队已经 500 余人了，每天都有新徒弟加入，从当初一个人到几十人，再到几百人，越来越多优秀的人才加入。我要让跟着我的伙伴们都能挣到钱，都能实现自身价值，这是我对团队里 500 多个伙伴的承诺，也是对她们的责任。

团队扩大了以后，我们加入了微阵，还在黄山本地成立了工作室，和我们团队的联合创始人，我的闺蜜雅婷，一起做了产品“第二记忆”。工作室5个销售员，我培养了16个团队管理人员，并且有非常成熟的卖货流程和培训系统。

我们还合作了50多个网红，整个团队的零售业绩都会在50万元以上，看着大家从小白一步步历练成卖货能手，我心里充满了喜悦。一年前我的目标是在黄山有一套属于自己的房子，一辆车，体面地活着，而现在，我的目标是，打造黄山市微商创业孵化基地，为更多的人提供低门槛创业机会，也努力帮助更多想通过微商改变自己命运的人。给自己一个机会，见证一个不一样的自己。我是帅妈，我在微商团等你。

总结：每个成功的人都绝非偶然，看帅妈做微商的整个过程，有四点值得学习：一是坚持做零售；二是真诚地解决客户的问题；三是手把手地把自己卖货的方法复制给团队；四是找一个靠谱的平台，绑定利益，稳固团队。帅妈微信：wwtt2028。

附录C 如何做一条让用户特别想穿在外面的内裤

导语：内裤，人人都穿，天天都换，但有一条内裤用户见了特别想穿在外面，而且短短两年时间成为微商界的明星品牌，团队代理超过5000人，每月出货一万多套，他是怎么做到的？来看大卫博士的品牌创始人常来的微商创业故事。

我叫常来，大卫博士品牌创始人。2014年创办大卫博士品牌，2015年开始微商卖货之路。两年的摸爬滚打，总结了一些经验和方法，借助"郭司令"的书分享给大家，希望帮助到更多的微商人。一路走来，我也始终在坚持以下几点：

第一，产品永远是第一位的

产品是微商的核心，产品是"1"，营销是"0"，如果没有前面的"1"，后面再多的"0"都没用。大卫博士一直坚持这个原则，在决定做内裤之前，我买来了很多品牌的内裤，从面料、包装、快递等，做了全面的对比和研究。

我们选用了世界第八大纤维——大豆蛋白纯天然纤维，透气性好，穿着舒服干爽。内裤中植入了我们独有的泛光波技术，可以促进人体微循环，改善供血能力。

包装上也跳出了内裤的传统包装，使用罐装，独特且人性化。内裤相对比较私密，用户不愿意让人摸来摸去，我们都希望自己是第一个打开包装的人。用罐装就可以达到干净卫生、私密安全的效果，满足了用户心理层面的需求。

打开包装盒有一封介绍信："亲，我是一条藏在罐子里的内裤……"说明书和信融为一体，卖萌，好玩，增加了用户体验。很多人用完之后易拉罐不丢，二次利用，对于品牌来说也是一种传播。

第二，单点发力，打造爆点，扩大品牌影响力

自从加入微商团以来，我和我爱人集中所有的资源用在了微商团上，不管是资金，还是时间、精力、人力等。我和我爱人常常带着团队的伙伴丽莎、李艳、金炜等，积极地参与微商团的各项活动，冠名了第四期的微商实验室，赞助自己的产品送给别人，亲身践行微商中国行，上到《微创客》杂志的最佳广告位，加入高手营，成为第一批"郭司令"的徒弟。

每次线下见面，我都会热情地给大家介绍大卫博士，争取更多的机会发声，让越来越多的人认识我，了解大卫博士，加固彼此之间的信任。对于一个品牌来说，多一次发声和少一次发声，

意义是完全不同的。微商广告和传统电商的广告是不一样的，传统电商的广告需要你天天投，微商广告只要把卖货的人吸引过来就可以了。先付出才会有回报，而不是有了回报才去付出。

第三，低门槛加盟，家人式团队

大卫博士有一句宣传语是这样的：一元做微商，一套做代理。一套大卫博士 399 元，加一元钱就可以成为我们代理，跟着我们学卖货，如果真的遇到事情不想做了，我们还可以退货，并不会让大家囤货在自己手里，而是帮助他们把货直接卖给消费者。

做零售和招代理，这两点不容易把握，有人说招代理难，有人说零售难。但是通过加一元钱把这两件事变成一件事，谁都不会在意一元钱，保证了消费者的利益，又帮助了他们招代理。大卫博士整个团队的氛围就是一个大家庭，有人遇到问题，一群人纷纷给答案。表面上是一个人在卖货，实际上是一帮人在卖货。我和我爱人也都是微商小白起步的，所以在管理团队和培训卖货方面从来没有嫌弃谁笨，都是手把手地教，一步一步地走，才让团队更加稳固。

第四，找一个导师，听话，执行

进到任何一个不熟悉的领域都需要一个导师，在大卫博士转型微商时期，遇到了微商“总司令”，在品牌后续发展的过程中，他带给了我们至关重要的建议和指引。找对导师，相信导师，跟着导师的步伐向前走，听话，照做。我执行力还算可以的，很多东西按照“郭司令”说的做，受他的影响，潜移默化地去模仿。每次他给到一个建议，就第一时间去执行；微商团的某个有效方法，就第一时间教给代理们去做，我相信勤能补拙。

第五，坚持卖好货，好好卖货

我一直践行“卖好货，好好卖货”的理念，真正专注做好一款产品。我一直说：“我们做产品而非做生意，所以，我们一步一步打磨产品，争取做到极致。”在产品销量节节攀升的时候，我们又邀请了微商团副总裁杨铭康给大卫博士进行了一系列的品牌策划升级。我经常跟团队的人说，如果你说的和做的不一样，你没有资格收客户的钱，如果收了，就是欺骗，要让买和卖我们产品的人都没有后顾之忧。想要走得快，一个人走；想要走得远，一群人走。如果你也想在微商路上走得长远，可以加入大卫博士，我们并肩前行。

总结：常来夫妇是我见过的最勤奋的创业者，也是最有执行力的创业者！能不能做好、做大一个产品，完全取决于品牌创始人。像常来夫妇这样的人，不管做什么产品，都一定会做得很好，推荐他的微信号给你！常来微信 changlai000。

附录D 当南开大学生遇上绿衣格格

导语：微商时代，大学生创业已铺天盖地，但真正做到月入过百万元的大学生，应该还是不多的吧！这篇创业故事的主人公小旭是一个毕业多年的南开大学生，遇上了好的时代，抓住了先机，成为一个护肤品牌的联合创始人。短短两年时间，她建设了自己的团队，月入过百万元，看她是如何做到的。

首先，要懂得卖货的逻辑

我一直认为，微商做得好的都是思路好的，方法和话术都是可以练出来、背出来的，而思路是培养出来的。你是否可以洞察客户的情绪，清楚地知道客户的需求，根据需求给出客户合理的方案和建议。

昨天团队的一个小伙伴跟我说："老大，你说让我们找感觉，不要生搬硬套用话术，而是理出自己的思路，我照做了，这个月获得的收益是之前的两倍，现在也不怕和客户沟通了，还喜欢上了和客户沟通的感觉，现在在家说话也硬气了，老公都觉得我很厉害呢!”

其次，不囤货，做零售

2016 年 5 月 17 日是高手营一岁的生日，我非常荣幸的在这一天以单天零售额 34300 元的成绩夺得了第一名，这也算是我送给微商团最好的礼物。发布榜单后，很多小伙伴来问我，是如何做到的?

我这个人比较固执，一直觉得自己和别的团队老大格格不入，我个人认为只有做好零售的微商才是个好微商，对于层层去鼓动代理压货的模式，我不认可。如果说你本身不具备带领代理们赚钱的本事，只是靠跟代理说“你拿了货，一定要主动地发展代理”，那在我眼里这样的微商模式就是传销。如果微商只是单纯地为了哄骗代理们拿货赚钱，那就是“骗子”。

每当我团队的代理们拿货的时候，我都会问一句：“零售做好了吗? 有把握把这些货提供给需要它们的人吗?”如果你觉得可以，好吧，我给你足够的货源；如果你没把握，那也好，打赏 365 元，进微阵，系统地去学习专业的微商卖货方法，真正把货卖到终端客户手里。

再次，团队要有原则，复制人才要有方法

我是一个非常严厉的人，想做绿衣格格的小伙伴必须先亲身

试用过产品后，再来谈别的。在我看来，这也是一种负责，对产品的负责和对消费者的负责，如果你不亲身试用，那你如何去卖给消费者呢?

文文是我们团队里面最优秀的一个，团队人数已经破百。有一次，她来问我，怎么样才能做好一个团队的老大?我说，第一，你要确保自己足够强大，才能够持续地提供更多的价值给到你的小伙伴们。第二，你要学会分享，拿我自己来说，如果我今天赚了 1 万元，那么我会拿出 5000 元去给小伙伴们创造出更大的价值。第三，你要有自己的原则和一颗足够包容的心，微商并不同于在公司上班，做微商的宝妈是一个大群体，你要足够宽容。也许她的宝宝生病了，没有办法好好卖货，这时你不能带任何指责，要分清轻重，不能被利益蒙了心。如果因为确实有急事可以被原谅，但如果因为不努力，那你要有自己的原则，这样才能给团队正能量。

最后，做好售后服务

销售是服务的开始，一定要做好售后服务!微商里面卖同品类产品的人很多，那为什么别人要来买你的?唯一的答案就是你有更专业的服务，在你这里顾客看出你的专业，就可以更放心地去购买，你还要做到比别人好几百倍的服务。很多微商都是卖出产品之后就不管了，只做一锤子买卖，这样客户是不会复购的，更不会转介绍给你。

希望看到此篇文章的你，不管你是品牌商、团队老大，还是微商小白，都去试试以上的方法，这是我两年的微商经验，希望能给你带来帮助。我是小旭，我和绿衣格格在等你！

总结：小旭是我见过的最低调的微商了，但很有魄力，该出手时就出手，抓住机遇绝不错过！做人做事原则性非常强，才造就了现在的结果！绿衣格格是她的品牌，很有意思的一个品牌名字，去了解一下吧！小旭微信：xx89628。